HERMES

在古希腊神话中，赫耳墨斯是宙斯和迈亚的儿子，奥林波斯神们的信使，道路与边界之神，睡眠与梦想之神，亡灵的引导者，演说者、商人、小偷、旅者和牧人的保护神……

西方传统　经典与解释
Classici et Commentarii

HERMES

政治史学丛编
Library of Political History

刘小枫◉主编

现代欧洲的基础

Foundations of Modern Europe

[英]埃米尔·赖希　Emil Reich　｜　著

汪瑛　｜　译

华夏出版社

中国人民大学科学研究基金（中央高校基本科研业务费专项资金、中国人民大学"双一流"建设资金资助）项目成果（项目批准号：22XNLG10）

"政治史学丛编"出版说明

古老的文明政治体都有自己的史书，但史书不等于如今的"史学"。无论《史记》《史通》还是《文史通义》，都不是现代意义上的史学。严格来讲，史学是现代学科，即基于现代西方实证知识原则的考据性学科。现代的史学分工很细，甚至人文-社会科学的种种主题都可以形成自己的专门史。所谓的各类通史，实际上也是一种专门史。

普鲁士王国的史学家兰克（1795—1886）有现代史学奠基人的美誉，但他并非以考索史实或考订文献为尚，反倒认为"史学根本不能提供任何人都不会怀疑其真实性的可靠处方"。史学固然需要探究史实、考订史料，但这仅仅是史学的基础。史学的目的是，通过探究历史事件的起因、前提、形成过程和演变方向，各种人世力量与事件过程的复杂交织，以及事件的结果和影响，像探究自然界奥秘的自然科学一样"寻求生命最深层、最秘密的涌动"。

兰克的这一观点并不新颖，不过是在重复修昔底德的政治科学观。换言之，兰克的史学观带有古典色彩，即认为史学是一种政治科学，或者说，政治科学应该基于史学。因为，"没有对过去时代所发生的事情的认知"，政治科学就不可能。

亚里士多德已经说过："涉及人的行为的纪事"，"对于了解政治事务"有益（《修辞术》1360a36）。施特劳斯在谈到修昔底德的政治史学的意义时说：

> 政治史学的主题是重大的公众性主题。政治史学要求这一重大的公众性主题唤起一种重大的公众性回应。政治史学属于一种许多人参与其中的政治生活。它属于一种共和式政治生活，属于城邦。

兰克开创的现代史学本质上仍然是政治史学，与19世纪后期以来受实证主义思想以及人类学、社会学等学科影响而形成的专门化史学在品质上截然不同。在古代，史书与国家的政治生活维系在一起。现代史学主流虽然是实证式的，政治史学的脉动并未止息，其基本品格是关切人世生活中的各种重大政治问题，无论这些问题出现在古代还是现代。

本丛编聚焦于16世纪以来的西方政治史学传统，译介20世纪以来的研究成果与迻译近代以来的历代原典并重，为我国学界深入认识西方尽绵薄之力。

刘小枫

2017年春

古典文明研究工作坊

目　录

中译本前言：
欧洲的"分"与"合"

李世祥

"分久必合，合久必分"，对欧洲人来说，这话只说对了一半，他们的政治体验是"只有那合久的分了，没见过分久的合"。自罗马帝国裂为东西后，欧洲大陆再也没有实现真正意义上的全面统一。背负着两次世界大战的惨痛教训，欧洲人转而寻求"和平"地建立"欧洲共同体"。2020年4月7日，欧洲各国财长为新冠肺炎疫情救助方案通宵达旦地争吵，至4月9日晚才勉强达成协议。这令人不由得担心：按照这种模式，欧洲统一之路到底能走多远？欧洲为何走到今天，现代欧洲又究竟源于何处？对于如此"大"的问题，本书的作者恰恰想用一本"小"书来回答。

赖希（Emil Reich）1854年3月出生于奥匈帝国（现匈牙利）埃珀杰斯（Eperjes）的一个犹太家庭。他的生平具有典型的欧洲人游历特征：早年在布拉格、布达佩斯和维也纳等地求学，1884年移民美国，1889年旅居法国，1893年和一个法国女子喜结良缘后定居英国。在英期间，赖希穿梭于牛津、剑桥等学府举办讲座，还笔耕不辍发表多部著作。1910年冬，赖希在诺丁山（Notting Hill）因病去世，安葬于万灵公墓（Kensal Green Cemetery）。

赖希学识渊博，涉猎甚广，史学是其用功最勤、成果最多的领域。1905年，赖希出版《帝国主义，其代价及天命》，旨在从普遍历史的角度对帝国主义加以分析。[①]同年，赖希编写出版《中世纪史及现代史重要文献汇编》，收录了自中世纪至19世纪70年代近140种重要文献，其中有些文献至今仍属罕见。[②]1907年，赖希出版《头脑膨胀的德国》(*Germany's Swelled Head*)，此书1914年更名为《德国的疯狂》再版并成为畅销书。[③]

1908年，除了《现代欧洲的基础》外，赖希还出版了《西方国家的普遍历史》[④]和《各个时代的妇女》。[⑤]《西方国家的普遍历史》的时间跨度从公元前5000年至公元1900年，在这本书中，赖希把人的因素作为历史的真正推动力，锁定20多个历史重大事件，从中探询这些事件背后的深层心理动机。《各个时代的妇女》涵盖了从古埃及、希腊、罗马、拜占庭一直到文艺复兴的各个历史阶段，作者并非要写一部妇女史，而是旨在着重阐述妇女在西方文明中的地位及影响。

此外，赖希的地缘政治学研究因主要藏迹于其史学著述，往往被后人忽视。赖希是最早使用"地缘政治"一词的英语作家之一，曾明确称"历史现象的动机源自多种原因，其中最重要的一

---

① Emil Reich, *Imperialism, its Prices, its Vocation*, London: Hutchinson & Co., 1905.

② Emil Reich, *Select Documents Illustrating Medieval and Modern History*, London: P.S. King & Son, 1905.

③ Emil Reich, *Germany's Madness*, New York: Dodd, Mead and Company, 1914.

④ Emil Reich, *General History of Western Nations: from 5000 B.C. to 1900 A.D.*, London: Macmillan and Co., 1908.

⑤ Emil Reich, *Women through the Ages*, London: Methuen & Co., 1908.

个原因我称之为'地缘政治'"。[1]他认为，"历史主要是由地理构成的……地理是历史研究的基础"。[2]赖希因而编纂了《英国史新版学生用地图册》《古代地图册》[3]和《地理手册：描述性和数理性》。[4]

在诸多地缘政治学家中，赖希是为数不多的对柏拉图做过深度研究的人，如果不能说是唯一一位的话。赖希有着深厚的古典学素养，1890年曾出版研究罗马法及古代奴隶制等问题的《希腊罗马典制》，[5]1906年作为"新古典图书馆"丛书的编辑编写了《古代历史地理百科全书》。[6]1905年至1906年，赖希用两个学期为学生讲授柏拉图，最终出版《柏拉图：现代生命批评绪论》一书。在绪言中，赖希把柏拉图作为导师，以柏拉图的视角来审视现代生活：

> 柏拉图既不神秘也不抽象，他给当时的普通人讲课，援引的事例涵盖希腊、埃及、小亚细亚、西西里、巴尔干半岛和南部希腊。我则努力基于柏拉图的思想来处理现代生活，

---

[1]　Emil Reich, *General History of Western Nations: from 5000 B.C. to 1900 A.D.*, ibid. p.vi.

[2]　Emil Reich, *A New Student's Atlas of English History*, London: Macmillan and Co., 1903, p.iii.

[3]　Emil Reich, *Atlas Antiquus*, London: Macmillan and Co., 1908.

[4]　Emil Reich, *Handbook of Geography: Descriptive & Mathematical*, London: Duckworth, 1908.

[5]　Emil Reich, *Graeco-Roman Institutions, from Anti-evolutionist Points of View*, London: Parker and Co., 1890.

[6]　Emil Reich, *an Alphabetical Encyclopedia of Institutions, Persons, Events, etc., of Ancient History and Geography*, London: Swan Sonnenschein& Co., 1906.

援引的事例涵盖英国、法国、德国、奥地利、匈牙利、意大利、俄罗斯和美国。[1]

这些学术视角在《现代欧洲的基础》中都有所体现。《现代欧洲的基础》旨在简要介绍1756年以来欧洲历史的主要事实和趋势，但更主要的是指出这些历史事件的"灵魂及意义"。从结构上来看，论述法国大革命和拿破仑的篇幅最多，且处于全书的核心位置。这种布局方式意味着，在作者看来，奠定现代欧洲基础的是拿破仑和法国大革命。在拿破仑以前，欧洲一直缺乏向心力，统一欧洲的梦想既不切实际，最终也一无所获。尽管拿破仑未能取得成功，但从没有人像他这样离统一欧洲的目标如此之近。

赖希并非发现法国大革命重要性的第一人，此前的托克维尔（Tocqueville）和柏克（Edmund Burke）对此都有阐发。[2]实际上认识法国大革命并不容易，赖希认为托克维尔的哲学思考"没有提升我们对法国大革命起因的深入了解"（《现代欧洲的基础》，本书页29，以下引本书时随文标注页码），而柏克"非但没有认识到法国大革命的重大意义，反而把自己无与伦比的演说天才全部用来批判谴责这一重大事件"（页37）。这次革命为什么发生在路易十六统治时期而不是其他时代？如果根本原因像人们通常所说的那样在于路易十六的苛政，那么在"人们像牲畜一样吃草"的路易十三时期，法国为何没有发生革命？一个深层的原因是大革

---

[1] Emil Reich, *Plato, as an Introduction to Modern Criticism of Life*, London: Chapman & Hall, 1906, p.vi.

[2] 托克维尔，《旧制度与大革命》，冯棠译，桂裕芳、张芝联校，北京：商务印书馆，1997。柏克，《法国革命论》，何兆武等译，北京：商务印书馆，1998。

命时期的法国民众已经具备了惊人的同质性。法国在17世纪还不是单一民族的国家，一个阶层的抱怨声引不起任何共鸣，也无法产生有政治意义的动力。到路易十六时，大多数法国人的心态变得相同，共同支持某种政治、哲学和社会基本原则。"我们认为，必须承认这种同质性是法国大革命这一重大事件的首要条件和不可或缺的条件"（页33）。一旦意识到自己的团结和力量，法国人就会试图维护自己对抗王权的权力。

赖希还从地缘政治的角度来分析法国大革命的政治影响。他认为，在历史中，人与地理都发挥着非常重要的作用，"人类代表纵坐标，地球代表横坐标"（页9），但人最终还是会受到地球及其自然地理构造所限制、推动或阻碍，地理决定着重大历史事件的趋势和走向。因此，法国的地理位置同样决定着法国大革命对整个欧洲的政治影响。

> 在欧洲地图上，如果我们将指南针的一个点放在法国的中心位置，如布尔日（Bourges），另一个点放在爱丁堡，然后围绕布尔日画一个圆。我们将会发现，法国最大的敌人和竞争对手离布尔日的距离都相等，如英国、柏林、维也纳、罗马、马德里。法国的这一中心位置使得诸如法国大革命这样的事件对它的邻国极度重要。（页39）

法国位于欧洲列强的中心位置，从地理构造来看法国既是陆地强国又是海洋大国。法国的任何大事都会引起欧洲其他国家的担忧或钦佩。"一场革命在当时的欧洲中心蔓延开来，必然会以最直接的方式影响到其他大国。"这就可以解释欧洲各国为何联合对法国发动战争，尽管法国大革命仅仅发生在法国境内，尽管法国政府宣布其最不关心的就是侵略政策，既不希望得到莱茵河左岸的领土，也不希望得到比利时的领土。

在阐述拿破仑失败的原因时，赖希也给出了地缘政治方面的解释。拿破仑在德意志东部和俄罗斯眼皮底下建立一个强大的波兰，而不是人为地建造一个既没有任何历史根基也没有任何国土根源的莱茵邦。拿破仑在欧洲西部有法国作为基地、在南部有意大利作为基地，如果能帮助恢复波兰的独立，就会在欧洲东部同样拥有一个非常可靠的基地。这样一来，无论是在反对俄罗斯还是在反对德意志时，拿破仑都将拥有一个更加有用、更有效率的盟友，其重要程度远远胜过萨克森或巴伐利亚（页78）。

赖希的思考不仅聚集于军政事件，还辐射到当时的思想背景。

在赖希生活的时代，孔德（Auguste Comte）的实证主义哲学和达尔文的进化论大行其道。孔德否认人类的思想能够掌握形而上学问题，主张自然科学与社会科学的联系要比传统哲学所说的更为紧密。孔德声称，人类思想必然会从神学阶段过渡到形而上学阶段，最后达到实证科学阶段。赖希认为，三段论根本无法得到经验和研究的证实，自然科学与社会科学的联系也没有孔德说的那么密切。

> 无论孔德的思想在科学上多么有价值，他把这些思想应用到社会知识和历史中的做法都是失败的。在历史研究方面，科学对我们即使有帮助，那也微乎其微。（页149）

同样，自达尔文的《物种起源》1859年问世后，许多人开始把进化论作为"解开历史和社会学所有谜团的钥匙"，"毫不犹豫"地将进化论扩展到历史和人类学、民族学、社会学、心理学以及其他人文学科分支，代表人物之一就是英国哲学家斯宾塞（Herbert Spencer）。

> 在六十年代（更不用说上个世纪的七十年代和八十年代），对精确科学的过分重视导致其方法的扩展远远超出其可以合理应用的范围。不仅哲学，还有神学、政治和文学的理论和规律以及类似的学科都被曲解或成为禁忌。这是因为大家对近代思想中主要由孔德、洪堡和达尔文引入的精确科学的过度热爱和崇拜。（页150）

赖希不禁感叹，达尔文的前辈大多将"进化论"视为忌讳，而现在它却迅速成为"现代思想的口号和座右铭"，似乎"进化论"足以解释自然界的所有事件和制度。对于这一现象，赖希持强烈的反对态度，使其头脑保持清醒的一个重要因素就是古典学素养，尤其是从柏拉图著作中所习得的洞察力。

赖希在绪言中明确指出，其主要目的不只是介绍历史事件，更主要的是要指出历史事件的灵魂及其意义（页1）。历史灵魂的重要载体是历史人物的灵魂，赖希则用柏拉图式的手术刀来剖析诸多灵魂的优劣、高低和明暗，为读者勾勒出一幅人类灵魂的众生相。作为全书的灵魂人物，拿破仑自然成为赖希聚光灯下的焦点。拿破仑是近代史中唯一能与亚历山大大帝和凯撒相提并论的人物，是最伟大的战略家和最伟大的政治家。同时，拿破仑又是最富争议的人物，人们既说他是最高尚的人，也咒骂他是恶魔。对于这种矛盾性，赖希解释说，"一个伟大人格所具有的典型症状和本质，就是同一灵魂中同时存在最矛盾的品质和最对抗的倾向"（页49-50）。同样，拿破仑的失败也源自其灵魂的缺陷，1810年后的他彻底膨胀，过度高估自己，"满脑子都是精神病患者的狂想"。

对于拿破仑的对手奥匈帝国首相梅特涅，赖希似乎有些不太感冒。在他看来，梅特涅是一位伟大的演员，外交手腕灵活，但与"光明英雄"拿破仑相比，梅特涅就是"暮色之魔"（页125）。在虚荣心的支配下，梅特涅一心想获得外交上击败拿破仑的荣耀，其政策不是基于奥匈帝国的利益，而是基于个人的欲望。"其巅峰时期和胜利取决于生命中昙花一现的境遇"，就像"一个没有生育能力的美人"，没有留下任何遗产（页92）。

相对而言，赖希对俾斯麦的评价要高得多。俾斯麦是一个了不起的人物，勇敢、克制、智慧，身材高大表情丰富，具有非凡的政治才能，遵守真正的、客观的国家利益，不让个人的喜恶影响自己的判断力。俾斯麦深刻地洞察到在普鲁士占统治地位的情况下实现德意志统一的必要性，而这项伟大的工作只靠思想引进或学术传播根本无法完成，因为"如果不建立一支强大的军事力量，德意志不可能实现其夙愿"（页171）。俾斯麦还具有一种典型的北德意志人的幽默。他想知道总参谋长毛奇对萨多瓦战役结局的判断，但又不愿直截了当地询问，于是把自己的雪茄盒递给毛奇，看后者仔细地挑出最好的一支时便微笑着离开。"这无疑是一种最好的幽默"，而赖希正是通过这件不起眼的小事把读者带入俾斯麦的内心深处。

赖希的灵魂批判不只限于政治人物，他对于哲人、作家、诗人、音乐家往往不乏精彩的点评，这些话我们今天已经很少能在那些"四平八稳"的史书中看到。黑格尔是"彻头彻尾的浪漫主义者"，有一种与古典主义思想客观性形成鲜明对比的极端主观性。黑格尔的反对者叔本华则"反对所有的哲学，除了自己的哲学"，当黑格尔被可耻地遗忘后，叔本华的观点开始成为全世界的观点（页147）。海涅在诗歌中为我们刻画了优雅空灵、超凡脱俗的形象，但在现实生活中却迷恋最世俗的东西（页130）。令人有些意外的是，赖希把巴尔扎克奉为19世纪最伟大的作家，认为他"既有强大的想象力，也有微妙缜密的分析能力"，并称他为"法国的散文体莎士比亚"。在赖希看来，《人间喜剧》堪比但丁的《神曲》。他将巴尔扎克与拿破仑相提并论，"拿破仑的目标是统治人类，而巴尔扎克的目标则是分析人类"（页137）。在同时代的音乐家中，最打动赖希的是肖邦：

> 肖邦能够把最简单的装饰音和几乎是最质朴的音调结构灌输到人们的头脑中。无论是快乐激昂还是忧郁伤感，无论是在激情的黑暗波涛中搏斗，还是在英雄本色的苍穹中翱翔，他的形式之美和完美的音色表现力都无与伦比……肖邦能够用音乐来表达诗歌和艺术永远无法企及的梦想和幻想。在他的作品中，我们听到了所有灵魂的病痛，所有被践踏的波兰人的悲伤，所有被不幸的激情所扭曲的内心紧张，还有一个艺术灵魂对一个处处伤害他的世界、一个不和谐且异常乏味世界的深深不满……肖邦的思想始终在高远崇高的理想中徘徊，可却对一个如此物质、如此感官的女人有着如此深切和浓烈的感情，尽管乔治·桑的小说中充满了理想主义。（页132–133）

赖希感慨说，人类历史的长河总会涌现一些伟大的灵魂，他们遵循内心的召唤去做伟大的事业。对于这一现象，实证科学无力给出任何合理的解释，毕竟这源自"一种绝对的、不可抗拒的信念"（页94–95）。

拿破仑的失败意味着法国对欧洲政治同化的失败，意味着自上而下通过军事手段建立欧洲合众国的失败。同样，欧洲也无法通过民族同化自下而上地建立一个合众国。各国民族主义意识觉醒，越来越强调彼此间的差异，欧洲任何一个民族都无法在政治上取得主导地位，无论是日耳曼民族、拉丁民族，还是斯拉夫民族（页191）。赖希显然也不看好以主权国家联盟的形式进行经济统一，毕竟这种尝试有悖于人类政治的内在机理：

> 与自然界一样，人类是通过不断地斗争才获得发展的能力，对和平充满柔情和柔弱的渴望，正是一个国家彻底灭亡的先兆。（页188）

前　言

　　本书试图对自 1756 年以来欧洲历史的主要事实和趋势给出简要介绍。这些事实和趋势促成了欧洲政治和文明现状的形成。本书内容是根据一系列公开讲座集合而成。在 1903 年四旬节学期[①]期间，笔者应伦敦大学的要求，在伦敦南肯辛顿的伦敦大学中央大厅举办了这些讲座。笔者充分意识到，关于这一时期的材料数目庞杂，各种细节多如牛毛，试图在仅有几百页的一本书中详尽描述，不啻痴人说梦。

　　然而，需要谨记的是，在历史上及在自然界中，一般来说，运动和现象的范围越大，它们就越容易拘泥于某一种普遍的形式。秋天掉落的小树叶并不需要用到开普勒定律，但是长期以来我们早就知道了有关行星运动的规律。1756 至 1815 年期间的历史事件如此庞杂且非常具有可塑性。从这个角度来看，我们可以更容易地对它们进行处理和总结，而不是像非洲某个黑人国家的历史那样，毫无条理且毫无意义。

　　整个讲座（以及本书）的主要目的不仅是要指出一般事实的主体，更主要的是要指出它们的灵魂及意义。在这一点上，笔者

---

　　①　四旬节学期（Lent term）是指英国和爱尔兰一些大学的冬季学期，通常从每年 1 月至 3 月，等同于牛津大学的希拉里学期。［如无特别说明，本书脚注均为译者为方便读者阅读所加。］

很可能经常出错。正如他不得不指出的那样，同一时期的其他作者也并不总是能正确解读近代历史的趋势或原因。笔者希望借此机会向读者保证，他不仅仔细研读了1756年至1871年间数量众多的原始"资料"，同时还试图与他努力追溯其近代历史的国家建立亲密的私人关系，以获得第一手资料。因为，即使非常熟悉近代每个主要国家的生活和语言，我们也无法保证能够正确洞察这些国家的历史和文明。

另一方面，我们不得不相当坚决地说，对档案或书籍进行再多的耐心研究，都无法取代在各个国家长期逗留所获得的实际知识。在这些国家中为了生存而获得的知识更具指导性，且能够独自表达。要将一个国家的历史写得工整或广博，同时还要写得优美，就必须热爱这个国家，必须在这个国家经受很多磨难，同时拥有许多美好经历。德国人说，历史就应该写得像是原始资料研究（来源于史料并忠实于史料），但人们常常忽略了一点，即最丰富、最安全的历史"资料"，得自个人对五到六种本质上不同的现代国家文明的了解，而这在静寂无声的档案库中很难获得。

借此机会，笔者要感谢各位女士和先生，感谢他们的参与，感谢他们给予的耐心及善意。一般来说，匈牙利人在英国肯定会得到同情。本着绝对公正的精神，听众接纳了许多与其最为珍视的民族历史观相悖的意见，而这种精神在其他许多国家根本不能指望。希望本书的读者也能同样公正地看待这些观点，因为这些观点既没有恶意，也不是出于不可原谅的无知。

埃米尔·赖希

伦敦圣卢克斯路33街，1904年1月14日

第一讲　美国独立战争1763—1783

　　[1]美国独立战争的历史受到各种特殊情况的综合影响，所有这些情况都导致人们忘却或者忽视了其重大事件后面隐藏的真实原因和真正趋势。除了极少数例外，美国人自己都是这样来看待它的，即从古希腊以来，所有伟大国家都是通过行动安排而不是言辞宣讲来开启他们的终极宏业。随着国家真正强大，国家的虚荣心也不断膨胀，不仅如此，它甚至在不断地超越其实力地增长。在这种情况下，国家的虚荣心做了它在较小层面上从未失败过的事情。为了掩盖真正重要的战斗军团或让真正重要的战斗军团脱身，虚荣心一直在进行聪明且具有欺骗性的殊死搏斗。在美国，在每个镇、每个县、每个州都可以看到和听到拉法耶特（Marquis de Lafayette，Gilbert du Motier）①这个名字。无数的街道，众多的城镇、机构、公园等等，都以这位年轻的法国侯爵命名。实际上，拉法耶特并没有采取导致北美十三个殖民地独立的[2]任何决定性的或重要的行动或举措。

---

　　①　拉法耶特侯爵（1757—1834），第一个志愿参加美国革命的法国贵族，在约克镇战役中决定性地击败英军。1789年出任法国国民军总司令，起草《人权宣言》并制定三色国旗，成为立宪派的首脑，风云一时。1830年再次出任国民军司令，参与建立七月王朝。由于参加了美国独立战争和经历了法国大革命，被称为两个半球的英雄。

另一方面，关于弗金斯（Charles Gravier, comte de Vergennes）[1]或博马舍（Pierre-Augustin Caron de Beaumarchais），[2] 几乎没有（如果有也是很少）美国人听说过任何赞美或赞赏之词。甚至马汉也只是提到"一个叫博马舍的法国人"。[3] 事实上，我们甚至可以大胆地说，博马舍的影响远远大于拉法耶特。毫无疑问，为了挽救美国人的骄傲，人们将无上的赞誉送给了拉法耶特这位法国贵族。赞扬拉法耶特意味着绝对不会大大地减少或降低美国的功绩，但承认博马舍则无疑会带来这种后果。

美国人在对待战争中决定性军事行动方面的态度，与对待拉法耶特如出一辙。美国人依靠自身力量只赢得了一次重要的胜利，即迫使英国军队在萨拉托加投降。[4] 很自然，美国人也不大关心1781年夏天那场具有决定性意义的激烈的海战行动中发生了什么，因为此次海战完全是由法国单独实施的。

同时期的意大利人也是如此，正如是法国将英国人从美洲殖民地驱逐出去的，意大利的统一也是在法国这个国家的帮助下完

---

① 弗金斯，即格拉维耶（1717—1787），是法国政治家和外交家。路易十六统治时期的1774年担任法国外交大臣，策划与北美洲殖民地居民结成同盟，帮助他们在美国独立战争中摆脱英国的统治。同时他还成功地在欧洲建立起一个稳定的力量均势。

② 博马舍（1732.1.24—1799.5.18）法国戏剧学家和冒险家，是法国继莫里哀之后又一杰出的喜剧作家，是重要的启蒙主义剧作家，他的优秀剧作起着从古典主义向近代戏剧过渡的桥梁作用。博马舍的一生处在法国政治经济发生重大变革的时期，也是法国从封建社会走向资本主义社会的时期。

③ ［原注］《海权对历史的影响》（*Influence of Sea-Power*，1660—1783），参见页345。

④ 萨拉托加大捷是世界史上著名的战役，是北美英属殖民地十三州独立战争的转折点。这次战役开始于1777年9月19日，在战斗中英军死600人，美方死300人。美国历史上称这次遭遇战为弗里曼农庄大捷。

成的。但意大利这个新生国家对其救世主般的朋友却只有冷漠的感激。如果这些人被告知，在 1775 至 1783 年期间以及 1859 至 1866 年期间，拯救他们的是教父式人物而不是它们自身的自由和独立之父，他们一定会极度愤慨。我们这样说没有任何讽刺意味。感恩似乎是某些动物而不是人类的一种天生品质，此外，感恩也不适合国家林立、弱肉强食的"自然状态"。[3] 另一方面，极少有国家会得到众神的褒奖，能够赢得诸如马拉松之战、萨拉米斯之战或普拉提亚（Plataea）之战的胜利。[①]

关于美国独立战争这一伟大战争，毋庸置疑，对英国叙述者来说，他们从来就没有积极承认过，1781 年他们在法国人那里遭遇了一场滑铁卢，[②] 其对英国利益的破坏性远远大于拿破仑最后一战对法国利益的破坏性。此外，自 1760 年 10 月 20 日之后，人们无法充分查阅到伦敦国家档案馆的文件。

最后，作为这场伟大战争真正的胜利者，法国从来不关心"一场斗殴事件"的具体细节。所有的主角和重大事件很快就因为法国大革命这一重大悲剧事件的发生而显得黯然失色。大约在 13 年前，法国收到许多有关记录法国介入美国事务的官方文件。[③]

---

① 这些战役都是希波战争中的重要战役，均以波斯军队的失败告终。经过这些战役后，希波战争的主动权就完全被希腊人所操纵，最后希腊人不仅将波斯人彻底逐出欧洲，还解放了长期以来被波斯占领的小亚细亚沿岸各希腊城邦。

② 指爆发于 1781 年的约克镇围城战役。通常认为这场战役是美国独立战争中最后一场陆上大型战斗。在康沃利斯的军队投降之后，英国政府决定进行谈判并结束这场战争。

③ ［原注］见多尼奥尔（Henri Doniol），《法国参与建立美利坚合众国的历史、外交信函和文件》（*Histoire de la participation de la France a L'establissement des Etats-unis*）。

准确地说，多尼奥尔的这一巨著不久前才刚刚完工。至于当时法国的盟友西班牙和荷兰，他们重要的干涉和介入行动尚未被写入令人满意的历史作品中。

这些特殊的情况使得我们很难公正看待美国独立战争中的所有事件、所有因素。但另一方面，史学家又必须寻求公正的评论以慰藉大家，历史事件影响越广泛、越全面，[4]其背后的控制因素就会越少。对科学史的研究使我们进一步确认，大型运动并不是由无数个小诱因所引起的，而是由数量有限的大诱因所引起的。牛顿成功地证明开普勒、布利奥（Ismaël Bullialdus）① 等人关于万有引力的推论是正确的，是对我们行星系统中大型运动令人满意的解释。牛顿取得的成功既是对日益增多的大型运动中诱因数量在逐步减少这一学说最好的解释，同时也是该学说最强有力的证明。

因此，通过分析1775年至1783年这段时期中浩瀚的人物、事件及措施，完全有可能发现那些导致事件发生、引导潮流、掩盖暗流的控制性诱因。

美国独立战争被认为是英国或美国历史上最重要的事情，尤其是对讲英语的国家来说。实际上它是发生在欧洲的一场重大的国际盛事。在差不多整整两百年的时间里，所有伟大的战争都是欧洲战争，美国独立战争也正好发生在这个时期内。从1618年到1815年，除了少数几个重要的例外，欧洲只受到国际战争或者说欧洲内部战争的蹂躏。

我们注意到，与此形成鲜明对比的是，自从1815年以来，欧

---

① 布利奥（1605—1694），17世纪法国著名天文学家及数学家、光度学创始人。

洲一直小心翼翼地避免此类国际战争，并且总是成功地将可能席
卷整个欧洲的战争本地化，例如克里米亚战争或普法战争。这种
远离国际战争的做法可能是先进的，但它与道德理想的进步几乎
没有什么关系，或根本没有关系。道德理想的实现［5］仍然属
于不切实际的希望范畴。这是因为自1815年以来，每个欧洲大国
都对其领土感到满足。1815年之前，每个大陆国家在各个纬度上
都拥有数量庞大、偶尔令人困惑的"飞地"（见后记）。

　　因此，普鲁士、奥地利或是巴伐利亚根本没有任何统一的领
土。其直接后果就是，这些在各个方向都很脆弱的国家对邻国所
有的政策都特别关注，这些政策最终可能会削弱或助长它们自己
对领土的希望。1815年之后，"飞地"的数量日益减少，德国、
法国、奥地利、意大利等国家早已不再缺乏统一的领土。除非这
些国家中的某个国家受到直接攻击，否则它对干涉其他国家的事
务毫无兴趣。

　　在之前的18世纪，情形则完全不同。西班牙王位继承战争
（1701—1713）、奥地利王位继承权战争（1740—1748）、弗里德
里希大帝战争（"七年战争"，1756—1763）、法国大革命战争和
拿破仑战争（1792—1815）等等，所有这些战争都是国际性战
争。这些战争都涉及欧洲列强的实质性利益即领土利益。所有这
些战争都是通过国际和约才得以终止的，诸如《乌德勒支和约》
（*Treaty of Utrecht*）（1713）、《拉什塔特和约》（*Treaty of Rastadt*）
（1714）、《第二亚琛和约》（*Peace of Aix-la-Chapelle*）（1748）、①

---

　　①　《第二亚琛和约》，又称《爱克斯·拉夏贝尔和约》，由法国、英国、
荷兰和奥地利在第二次亚琛和会讨论后于1748年10月18日签订，亦是奥地
利王位继承战争的终结。签署地点在当时属于法国的亚琛的爱克斯拉夏贝尔
宫，由英国和法国代表主持。

《胡贝尔图斯堡和约》(*Treaty of Hubertusburg*)(1763)和《巴黎和约》(*Treaty of Paris*)(1763)、《巴塞尔和约》(*Treaty of Basel*)(1795)、《坎波福尔米奥和约》(*Treaty of Campo Formio*)(1797)、《吕内维尔和约》(*Treaty of Luneville*)(1801)、《亚眠和约》(*Treaty of Amiens*)(1802)、《普雷斯堡和约》(*Treaty of Pressburg*)(1805)、《提尔西特和约》(*Treaty of Tilsit*)(1807)、《申布伦和约》(*Treaty of Schönbrunn*,1809)(又称作《维也纳和约》)[6]及维也纳会议(1814—1815),等等。

美国独立战争是发生在18世纪的一次国际性或者说欧洲内部的战争,1783年《巴黎条约》(*Treaty of Paris*,1783)的签署结束了此次战争。19世纪下半叶,法国、普鲁士及英国在促进意大利统一方面有着强烈的政治利益,而与之相同,在18世纪六七十年代,从英国手中夺取美洲殖民地是除英国之外一些欧洲大国的重大利益之所在。这是整个美国独立战争的本质之所在,战争持续了8年之久,并席卷四大洲的所有海域。

欧洲内部之间的利益考量毫无疑问是美洲殖民地居民最终取得成功的主要动力和原因,但我们必须仔细调查事实,同时考虑到这些殖民地居民自身的利益。假如美洲殖民地居民没有受到诱惑,从而不顾与强大的英国开战可能带来的苦难和绝望,坚持要求从母国分离出去,那么无论法国、西班牙和荷兰想削弱和羞辱英国的愿望有多么强烈,它们的共同努力也将毫无效果。因此,为了正确了解殖民地起义及其最终胜利的根本原因或美洲原因,在深入了解欧洲国家间政策的细节之前,我们必须研究造成殖民地居民强烈不满的真实原因。正是这种不满使得美洲殖民地居民首先进行逆向反思,紧接着就转向威胁性请愿并爆发骚乱行为,不信守公约,不效忠议会,公开叛乱,最终与英国公开宣战。

［7］关于造成不满的原因，目前看法主要集中在美洲殖民地居民对英国皇室各种违宪措施的愤慨之情，或是对美洲殖民地进行不明智的征税所引发的愤慨情绪。这些征税提议依次由格伦维尔（George Grenville）、①唐森德（Charles Townshend）、②诺斯勋爵（Frederick North），③特别是英国国王乔治三世提出。除了高压专制的孤立行为，1765 年的《印花税法》（*Stamp Act*），1770 年、1772 年和 1774 年对各种商品进行征税等诸如此类的措施，据说也足以激发殖民地居民良好的道德品质或讲究法律的品性，逼迫他们采取反叛行动，尽管这些措施没有对殖民地居民产生经济上的压力（税收从来没有也不可能产生更多的金钱）。这种解释的好处是既能取悦英国人，又能取悦美国人。

英国人带着家长式骄傲的微笑，欣赏着自己属地的人民为了追求权力和法律等理想而举行反抗的场景。正是对权力和法律的追求激励着约翰王时代（1215）兰尼米德（Runnymede）地区④的贵族们，激励着《牛津条例》（*Provisions of Oxford*）（1258）⑤颁布后乌云密布时代的贵族们，激励着 1642 年 6 月提出《十九条

---

① 乔治·格伦维尔（1712—1770），英国辉格党政治家，1763 年至 1765 年曾任英国首相。

② 查尔斯·唐森德（1725—1767），曾任英国财政大臣，在印花税条例废除后，曾提出《唐森德税法》。

③ 弗里德里希·诺斯（1732—1792），于 1770 年至 1782 年出任英国首相，是美国独立战争时期的英方重要人物。美国独立战争期间曾任英国首相。

④ 英格兰国王约翰最初于 1215 年 6 月 15 日在温莎附近的兰尼米德订立大宪章，大宪章以法律限制了英国王室的绝对权力。

⑤ 《牛津条例》是英国于 1258 年颁布的条约，是限制王权的第二个文件。

建议》^①的古典时期的贵族们，激励着《权利法案》(*Bill of Rights*)（1688）^②古典时期的贵族们。正如丁尼生（Alfred Tennyson）^③所说：

> 噢，你，把人送出去
> 统治着陆地和海洋，
> 狮子般的坚强母亲，
> 为那些从自己那里榨取权力的
> 强壮儿子感到骄傲！

带着英国人特有的伦理情感，美国人再一次感到高兴，并由此相信殖民地男男女女［8］深切的道德愤慨引发了根深蒂固的不满情绪，这种不满是导致1775年一系列重大事件爆发的主要原因。

在丝毫不想贬低道德愤慨的价值和理论之美的情况下，我们可以得出这样的结论。这种道德上的震动通常不会持续很长时间，除非有对物质利益的持续考虑作为支持。毫无疑问，在白人所取得的更加伟大的历史成就中，理想的动机或公开或私下总在发挥作用，但从其强度可以推断出，它们在时间上和空间上的扩

---

①　1642年6月1日，英国国会向国王查理一世提出了十九条建议，这实际上是最后通牒，简言之，就是要国王交出一切政教大权。

②　《权利法案》是英国历史上自《大宪章》以来最重要的一部法案，它既是英国宪法的重要组成部分，也被认为是美国宪法的前身。它奠定了英国君主立宪政体的理论和法律基础，确立了议会所拥有的权力高于王权的原则，标志着君主立宪制开始在英国建立。

③　丁尼生（1809—1892），第一代丁尼生男爵，是华兹华斯之后的英国桂冠诗人，是英国维多利亚时代最受欢迎及最具特色的诗人。

展能力还很有限。在一些事情上，基督教的深邃智慧比在公司中表现得更为明显。在七天中诞生理想的一天，这是理想动机的力量与汲取更多世俗来源的动机的真实比例。无论如何，在历史探询中，虽说不是更高尚但至少是更明智的做法，是在漫长和令人厌倦的斗争中寻找更加直接、更加具体的原因。

与奥提斯（James Otis）[①]和布兰德（Richard Bland）[②]就宪法问题进行的抽象推理或新英格兰清教徒的道德起义相比，直接而具体的原因在坚定殖民地居民的心灵和思想方面无疑发挥了更多作用。欧洲的历史，甚至是欧洲之外许多地区的历史，即使不是全部，也在很大程度上都是以这种地缘特征来书写的。我们可能更喜欢称之为地缘政治。[9]作为历史和谐与不和谐旋律的真正通奏低音，地缘政治决定了决定性事件的趋势和基调。毫无疑问，历史并不仅仅是一场棋局，人也不是无足轻重的棋子。但只要充分认识到人的影响，特别是历史人物的影响，我们就不能不得出这一结论：人类被地球及其自然地理构造所局限、推动或阻碍。用科学家的语言来表达就是：在历史中，人类代表纵坐标，地球代表横坐标。很显然，为了真实地构建事件发生的曲线图，我们必须首先使用横坐标，然后才是纵坐标。

毫无疑问，殖民地人民之所以对英国政府怀有根深蒂固的敌

---

① 奥蒂斯（1725年2月5日—1783年5月23日），美国独立战争前准备阶段的政治家，他系统阐述了18世纪60年代殖民地居民在英国统治下的苦难。

② 布兰德（1710—1776），政治家，生于弗吉尼亚。自1745年至美国独立战争之时任弗吉尼亚殖民地议会议员，1774—1775年任大陆会议代表。他著有《英属殖民地权利探询》（1766年），这是发表最早的有关捍卫殖民地在征税问题上的立场的论著。

对情绪，原因就是圣詹姆斯宫廷（Court of St. James）在对待殖民地广袤的腹地方面采取了具有致命性错误的政策。这种敌对情绪是持久的、实质性的，同时包涵着理想的前景。北美殖民地有一块广阔的腹地，根据条约规定是从阿勒格尼（Alleghany）山脉一直延伸至密西西比河，但实际上是一直延伸至太平洋。为了拥有这片广阔的腹地，殖民地人民于1755年至1762年情绪激昂地参加了英国对抗法国的战争。从法国耶稣会传教士和其他探险家的著作中可以了解到，当时殖民地被历史上最肥沃同时也最广袤的腹地所包围或补充，这一点当时已众所周知。无论是中美洲还是南美洲，无论是现代埃及还是南非，更不用说加拿大或澳大利亚，都不曾拥有如此广阔、如此容易进入或适合耕种的腹地。

[10] 早在列克星敦（Lexington）战役之前，卡弗（Jonathan Carver）、罗杰斯（Robert Rogers）、阿代尔（James Adair）、威廉·史密斯（William Smith）和其他殖民地作家就已在作品中对这块腹地有了充分的描述。殖民地居民意识到这块腹地有着无限发展空间和无限繁荣的可能性。近代俄罗斯并没有在与普鲁士或奥地利毫无意义的战争中浪费巨额且宝贵的财力和人力，而是一直倾向于占领并充分利用其从乌拉尔到中国满洲的广阔腹地；英属美洲殖民地的居民也有意无意地认为，他们真正伟大的命运就在这块腹地，而不是在与大不列颠的联系中。这一决定性因素对于当时大多数有思想的人来说非常清楚，以至于那些在各个方面异于常人的人都预测到，一旦将法国人从俄亥俄河谷和湖区赶出，即一旦腹地问题成为实际的政治问题，殖民地就将分裂。诸如加拿大魁北克战役中的法国指挥官蒙特卡尔门侯爵（Marquis de Montcalm）、法国哲学家和经济学家杜尔哥（Anne-Robert-Jacques Turgot）、法国驻君士坦丁堡大使弗金斯等人，都如是

认为。

在1763年刚与法国签署和平协议后，英国国王乔治三世就于1763年10月7日发布《1763年公告》（*Royal Proclamation of* 1763）。公告禁止殖民地上国王"可爱的臣民"从印第安人那里收购土地，或在阿勒格尼山脉以西的任何定居点上耕种。该公告并不是一纸空文。1772年，殖民地居民关于在俄亥俄河流域定居的请愿遭到贸易专员的断然拒绝。希尔斯伯罗勋爵（Lord Hillsborough）认为1763年的公告非常明确，不可能以［11］其他方式来解释。当然，《1763年公告》并没有阻止无数殖民地人民不断占领这片腹地的企图。伦敦国家档案馆仍然有大量法律和行政文件，记录了殖民地人民在阿勒格尼山脉以西地区持续不断的侵占行为。在这些文件中，我们能够感受到时代的真实脉动。

与个人一样，国家通常没有清楚地意识到促使其采取行动的主要动因。因此，我们不能指望那个时代的活页文章撰写者或传记作者用固定的术语告诉我们，大多数殖民地居民对英国政府提出或颁布的一些措施表现出令人奇怪的持续敌意，根源到底是什么。我们可以说，任何原因都有可能。1774年以后，英国政府几乎无一例外地一再表现出一个宗主国所能给予其忠诚殖民地的所有和解，这一点现在已经众所周知。但所有这一切都是徒劳。无论查塔姆（William Pitt, 1st Earl of Chatham）①的温和还是柏克

---

① 即威廉·皮特，第一代查塔姆伯爵（1708—1778），英国辉格党政治家。在政府任国务大臣一职期间，曾经凭"七年战争"（又名法国—印第安战争）而声名大噪，后来更出任大不列颠王国首相一职。

（Edmund Burke）①的智慧，无论乔治国王或诺斯勋爵的冷酷专横还是福克斯（Charles James Fox）②的雄辩口才，所有这些都无法改变现实。长期以来，殖民地居民一直非常坚决。除了彻底决裂之外，他们不接受其他任何解决方案。一旦认定所占领的这片土地赋予了自己伟大的使命，他们就希望能够合法地对其进行扩展，自然也就不可能听从或接受任何无法提供安全保障的建议。如果能够不受英国法规或英国资本家的干扰和控制，广袤肥沃的腹地立即将成为他们［12］取之不尽的物质来源和伟大民族的安全保障。

人们都习惯谴责乔治三世、诺斯勋爵、唐森德和格伦维尔。但是查塔姆伯爵、柏克或福克斯是否更清楚地洞见了美洲起义的真实原因？他们是否掌握了殖民地人民不满的真正的、最根本原因？事实上，尽管这可能看起来有些苛刻或奇怪，但如果一定要有愧疚感的话，那么毫无疑问，查塔姆伯爵在殖民地的丢失方面应该承担的责任，比乔治三世或诺斯勋爵要大得多。殖民地人民可能有着（事实上他们已经拥有）强烈的愿望，希望从英国分离出去，这一愿望尽管非常合法，但从提出到实现是一桩遥远且艰巨的任务。

---

① 埃德蒙·柏克（1729—1797），爱尔兰裔的英国的政治家、作家、演说家、政治理论家和哲学家，他曾在英国下议院担任了数年辉格党的议员。他最为后人所知的事迹包括了反对英王乔治三世和英国政府、支持美国殖民地及美国革命的立场，以及对于法国大革命的批判。他经常被视为是英美保守主义的奠基者。

② 福克斯（1749—1806），英国辉格党，自18世纪后期至19世纪初担任下议院议员长达38年之久，是皮特担任首相期间的主要对手。福克斯在美国独立战争期间曾大力谴责策划派兵镇压革命的首相诺斯勋爵及英王乔治三世。至于在法国大革命及随后的日子，他亦对革命予以支持和肯定，并极力反对英国政府对法国作战，以及对国民实施的一系列战时高压政策。

1763 年至 1775 年期间，英国变得空前的强大、更加雄心勃勃，也更加可怕。她的海军在欧洲、美洲和亚洲水域中取得了重大且具有决定性意义的胜利。她的军队在德意志、美洲和印度表现出了卓越的战斗力。英国发现自己成了历史上首个真正的帝国。自 1764 年以来，印度的孟加拉邦、比哈尔邦（Behar）和奥里萨邦（Orissa）都成为英国的领土。法国被赶出美洲，英国征服了法国的大片殖民地。在欧洲，英国获得了极高的声誉。同时，随着政治和军事力量史无前例的扩张，英国开启了其作为世界上第一个工业强国的宏伟事业。大不列颠几乎每天都有新的技术发明，这是其他国家完全不能与之媲美的。英国工商业资源所创造的国家财富远远超过其他国家所创造财富的总和。

[13] 在这种情况下，想要发动一场反抗英国的起义并取得最终的胜利绝非易事。如果查塔姆伯爵在 1766 年或 1767 年实施俾斯麦（Otto Eduard Leopold von Bismarck）在 1866 年所采取的明智的温和政策，他本可以通过阻止法国向美洲殖民地提供帮助将美洲殖民地孤立起来，从而使他们几乎不可能取得任何决定性的军事胜利。1866 年，尽管对奥地利的军事行动取得重大胜利，但俾斯麦突然放弃了普鲁士对奥地利的世俗敌对政策。他清楚地意识到，在萨多瓦战役（battle of Sadowa）后，这一政策已经没有任何存在的理由（raison d'etre）。非但没有屈服于普鲁士军方（普鲁士军方叫嚣着要求让胜利的大军进入维也纳），俾斯麦还威胁说，他宁可自杀，也不同意对奥地利进行任何不必要的羞辱。因为他知道，在消除或麻痹奥地利的敌对情绪后，普鲁士以后将会需要奥地利的友谊和帮助。

1763 年后，在对待法国问题上，查塔姆伯爵所处的位置与 1866 年 8 月俾斯麦对待奥地利的位置完全一样。1763 年之前，由于种种原因，法国与英国实际上一直是世仇。1763 年后，对英国来说，她对法国的敌意已经完全失去存在的理由。英国已不可能从法国夺取更多的殖民地，也不再担心普鲁士或者法国对其大陆属地（汉诺威）的威胁。苏格兰自1746年以来已经明确接受其在大不列颠的地位，爱尔兰也保持沉默，法国的阴谋翻不起任何大浪。

显然，当时查塔姆伯爵的政策本应尽量不激怒法国，事实上这样做是为了获得法国的［14］友谊。当时法国正处于西方各大国的中心位置，同时从地理构造来看，法国既是陆地强国又是海洋大国。与处于进攻时期的法国相比，处于防御时期的法国更加危险。在进攻态势时期，（路易十四以及拿破仑统治下的）法国总是会激起周围国家的敌意，即使在战场上战无不胜，也不得不放弃勃勃野心。但当处于防御态势时，法国总是并且永远能够成为战争中最令人畏惧的对手。她能够最大规模地加强其盟友的海上和陆上力量，从而对最终结果起到决定性的作用。

根据法国历史上的这一明显的经验教训，加之上面提到的因素，查塔姆伯爵拥有各种可以想象得到的动机去采取明智政策。这个明智政策就是放弃将法国作为英国的世仇这个世俗观念。这一世俗观念已经没有任何存在的理由。它只是无知的、愚蠢的传统主义政治思想在作祟而已。

只需要对欧洲"七年战争"（1756—1763）期间及之后所形成的国际和外交局势进行简单考量，我们就能很好地理解这一论述。查塔姆伯爵在其国家"世仇"方面遇到的问题，当时其他三个大国（法国、奥地利和俄罗斯）的政府也同样面临。在法国，同样的问题被提出讨论并引发人们的兴趣，这样的情况持续了相当一段时间。作为其外交政策的基调，［15］法国波旁王朝始终对奥地利哈布斯堡王朝采取非常敌视的态度，哈布斯堡王朝与波旁王朝是"世仇"。

然而，18世纪50年代，奥地利驻巴黎大使考尼茨伯爵（Count Kaunitz）①及其继任者斯塔海姆贝格伯爵（Count Starhemberg）说服法国政府放弃对奥地利的世俗敌意，并与哈布斯堡王朝结盟（1756年12月两国结盟，1757年再次结盟）共同对抗普鲁士。这种匪夷所思的"立场转变"是考尼茨伯爵和特蕾西亚（Maria Theresa）②凭借坚持与狡黠而获得的胜利，但这无疑是法国国王所采取的最不明智的措施之一。这个联盟不能也不会给法国带来任何值得为之奋斗的回报。事实证明该联盟给法国带来了最致命的一击，它是1757年至1763年法国在美洲、欧洲及亚洲遭受的所有灾难的直接原因。这一切主要是在一个年轻女人的鼓动怂恿下完成的，即法国国王的情妇兼首席大臣蓬帕杜侯爵夫人（La Marquise de Pompadour）。而蓬帕杜侯爵夫人根本不具备最基本的政治常识。

查塔姆伯爵在1763年后未能正确把握的问题，法国政府确切地说是蓬帕杜侯爵夫人在1756年同样也没有正确地加以解决。但其他两位女君主却不是这样。特蕾西亚在成长过程中一直秉承着哈布斯堡与波旁王朝之间是宿敌这一信念，即使在法奥联盟之后她也曾无意中表达了她的这一信念。但她明智地压制了她的这种感情，并在某种屈辱的条件下默许了其家族外交政策的彻底变革。

----

① 考尼茨（1711—1794），奥地利政治家、外交家，"七年战争"到1792年之间的奥地利君主国首相、亲王，长期负责哈布斯堡王朝的外交政策，一生敌视普鲁士。1740年他进入奥地利外交界，负责哈布斯堡君主国的对外政策。在奥地利王位继承战争和"七年战争"期间，纵横捭阖，使参战各国联盟逆转，引发了世界历史上一次著名的外交革命。

② 特蕾西亚（1717—1780），奥地利大公和国母，匈牙利国王和波希米亚国王。她使丈夫和儿子获得神圣罗马帝国皇冠，使古老的哈布斯堡王朝重焕活力，奠定了奥地利大公国成为现代国家奥地利帝国的基础。

尽管采取 [16] 这一出人意料的举措并没有从实质上改善她的境况，但是特蕾西亚却能够在几乎不触及自己行省的情况下，把"七年战争"的所有苦难加到弗里德里希大帝（Frederick the Great）[①] 的领地及其臣民身上（尽管没有加在弗里德里希大帝本人身上）。

另一个掌控伟大国家的女性是俄罗斯的凯瑟琳二世（Katharine II）。[②] 她于1762年登上王位，很快摆脱了她那令人厌烦的丈夫。同时，凯瑟琳二世也被立即要求就她的外交政策的意义和方向，特别是就对待邻居普鲁士的政策做出决定。那个时候的俄罗斯人及俄罗斯政府都坚信普鲁士是莫斯科大公国的"世仇"。凯瑟琳的前任伊丽莎白一世曾为这一信念牺牲了数百万的财力和数十万的人力。

但凯瑟琳并没有沉迷于沙文主义的幻想。她清醒地认识到，与法国和奥地利存在敌意的普鲁士永远不可能对俄罗斯造成危险。另一方面，极度贫瘠的普鲁士也不可能成为俄罗斯有意义的战利品。因此，这位昔日的德意志公主，现在的俄罗斯沙皇，带着极大的愤慨公开表示，她也将毫不动摇地继续执行古老的俄罗

① 弗里德里希二世（1712—1786），又译作腓特烈二世，后世尊称其为弗里德里希大帝，是霍亨索伦王朝的第三位普鲁士国王（1740年5月31日—1786年8月17日在位），著名军事家、政治家、作家和作曲家。弗里德里希二世生于普鲁士首都柏林，1740年即位。曾两次发动西里西亚战争，1756年又发动"七年战争"，1772年和俄罗斯帝国、奥地利大公国趁波兰内政危机之时第一次瓜分波兰，获得西普鲁士。1785年组建由15个德意志邦国组成的诸侯联盟。1786年在波茨坦去世。他被公认为欧洲历史上最杰出的军事统帅之一，欧洲开明专制和启蒙运动的代表人物。

② 凯瑟琳二世（1729年4月21日—1796年11月17日），史称叶卡捷琳娜二世，俄罗斯罗曼诺夫王朝第十二位沙皇，俄罗斯帝国第八位皇帝（1762年7月9日—1796年11月17日在位），也是俄罗斯历史上唯一被冠以"大帝"之名的女皇。

斯政策，即对普鲁士国王这个头号敌人采取敌视政策，但当天晚上，她却私下里派一名特别信使到弗里德里希大帝那里，向他保证她的公开宣示只是为了掩人耳目，为了堵住俄罗斯宫廷的指责。这充分证明凯瑟琳的聪慧过人。在向弗里德里希大帝保证她友谊的过程中，她证明了她意见的正确性。而自那以后俄罗斯—普鲁士的历史也表明了她的正确，［17］即自1762年以来两国都不曾拥有向对方开战的重大理由。

人们注意到，凯瑟琳二世和特蕾西亚这两位女性，比同一时期出现在英国的那个"唯一的男子汉"更好地把握了18世纪中期政治形势的真谛，这多少令人有点不舒服。无论是1763年的《巴黎条约》①签订前还是签订后，查塔姆伯爵始终认为法国是英国最大的敌人。他不知疲倦地持续煽动英国国民对这一"宿敌"的民族情感。他意识到，仅仅是该条约中的单独一个条款（即第十三条）就足以让法国满怀复仇的渴望。根据该条款，法国同意以最屈辱的方式拆毁其在敦刻尔克港的防御工事。该条款规定：

> 在交换现条约的批准书之后（法国）应立即拆毁敦刻尔克的防御工事，并拆毁保卫出海口的所有堡垒和炮台。与此同时，还应规定以英国国王批准的方式来确保良好空气和居民的健康。

一个骄傲的国家，决不会接受如此傲慢地在她邻近的领土上

---

① 即"七年战争"的交战双方于1763年2月10日在法国巴黎签订的和约，标志着此次战争的结束。

处理港口和武器问题。如果有人认为，英国通过收购加拿大和美洲广袤的内陆地区，[18]从而获取的领土已经远远超出英国未来几代人进行帝国扩张所能获得的土地，而所有这一切都是以牺牲法国为代价的，那么他会很难理解查塔姆伯爵为什么会执意坚持对法国的仇视。法国这个国家已经无法对英国造成任何伤害，也无法阻挠英国实现其雄心壮志。

然而，查塔姆伯爵恰恰就是这样做的。他既没有像凯瑟琳二世在1762年对待普鲁士那样，也没有像俾斯麦在1866年对待奥地利那样。相反，查塔姆伯爵继续采用那种陈旧的、现在看来毫无理由的仇视法国的做法，不断激起人民对法国的仇视。也许是他身体的极度虚弱影响了他思维的清晰。不管怎样，查塔姆伯爵非但没有采取一切可能手段来安抚法国，反而在不断扩大和加深令法国痛苦的伤口。

在这种情况下，作为一个可能会被削弱但绝不会被制服的国家，法国急切地寻求机会洗刷英国1763年条约所带来的耻辱就是理所当然。这个机会出现了。起初，法国更多的是采取纯学术的形式，但很快就演变成最严厉的军事和政治措施。法国人在学术上干涉广大所属美洲殖民地的形式，是向殖民地居民施加法国百科全书派的种种影响。《百科全书》①这一巨著的作者包括狄德罗、卢梭、孟德斯鸠、伏尔泰、霍尔巴赫（Paul Henry

---

① 《百科全书》是1751年至1772年间由法国一部分启蒙思想家编撰的一部法语百科全书。共17卷正编，11卷图编。此后其他人多有补编，1780年再版时共有35卷。《百科全书》主编为狄德罗，副编为达朗贝尔。

Holbach）、①孔多塞（Marquis de Condorcet）、②达朗贝尔（Jean le Rond d'Alembert）③以及［19］其他有名的人。他们在18世纪下半叶对整个欧洲和美洲思想的影响程度，对现代人来说似乎相当令人费解。在阅读《百科全书》的文章时（不得不承认，怯懦的出版商对这些文章进行了富有技巧地篡改），人们不能不对其温和且丝毫不带攻击性的语气以及相对小型的创意感到惊叹。

在我们这个时代，我们所看到的文章和书籍提出的观点都非常大胆且更加激进。《百科全书》的新颖之处不在于它提出的观点，其历史地位取决于它对同代人所产生的巨大影响。从前拉丁文书籍中所讨论的观点是针对隐居的学者；现在，诸如斯宾诺莎或阿尔图修斯（Johannes Althusius）等人的政治观点首次以一种实实在在且颇具吸引力的形式呈现在公众面前。这在很大程度上要归功于百科全书派学者们的人格魅力。这些才华横溢的先生个个都极具个人魅力。他们聚集在乔芙兰夫人（Madame

---

① 霍尔巴赫男爵，法国哲学家，无神论者。1723年生于德国巴伐利亚一商人家庭。1735年时移居法国。1744年就读于荷兰莱顿大学读书。1749年回到法国，后继承伯父的男爵爵位。与狄德罗等人参加了《百科全书》的编纂工作，是"百科全书派"主要成员之一。

② 孔多塞是18世纪法国启蒙运动时期最杰出的代表之一，同时也是一位数学家和哲学家。1782年当选法兰西科学院院士。他是法兰西第一共和国的重要奠基人，并起草了吉伦特宪法。

③ 达朗贝尔，法国物理学家、数学家和天文学家。他一生在很多领域进行研究，在数学、力学、天文学、哲学、音乐和社会活动方面都有很多建树。著有8卷巨著《数学手册》、力学专著《动力学》、23卷的《文集》、《百科全书》的序言。他很多的研究成果记载于《宇宙体系的几个要点研究》中。

Geoffrin）、[①]埃丝皮纳斯夫人（Mademoiselle de L'Espinasse）、德皮奈夫人（Madame d'Epinay）及其他因智慧和魅力而著称的女性的沙龙里。他们的谈话内容，整个文化圈都在聆听、报道和传阅。如果我们将百科全书派学者们的谈话内容、信件及小册子所带来的影响，与当今"领导人"或新闻界伟大代表的文章对道德和智力的影响相提并论，那我们可能远远低估了事实。

百科全书派学者们最令人印象深刻的一部作品，就是卢梭1762年出版的《社会契约论》。[20] 该书用词华美、措辞清晰，几乎没有什么作品能够媲美。此书包含了系统的政治学说，以极大的热忱关注广大民众最深切的政治渴求。卢梭的《新爱洛伊斯》和《爱弥儿》也是当时最著名的小说。《社会契约论》这篇政治作品迅速地在美洲殖民地传播开来，乃是无法避免的事情。在美洲殖民地，人们潜意识的以及没有公开宣布的愿望使得他们只愿意认同卢梭宣扬的观点，认为其充满着激情和真理，能给人带来灵感。可以肯定且很容易就能证明的是，这个正统的加尔文派信徒及他的百科全书派同事们的政治观念对殖民地产生了极大的影响，他们的观念得到狂热的追捧和讨论。绝对不要低估这些法国思想所具有的"不可估量"的影响，它们可能不是头等重要的，但在殖民地反抗大不列颠的伟大斗争中，这种次等重要或法国实质性介入所发挥的作用却要大得多。

这种实质性介入主要通过一个叫博马舍的男人来发挥作用。博马舍所拥有的道德素质和文学素养似乎注定他将具有完全不同的

---

① 法国著名的沙龙主办人，她对来客不看出身、财富、权位，而只看才智，所以她的沙龙，智慧是主导。丰特奈尔、达朗贝尔、孟德斯鸠、伏尔泰、爱尔维修等都曾是她沙龙里的座上宾，当时外国宾客到巴黎，都以能参与她举办的沙龙为荣。

功绩。博马舍是一个彻彻底底的巴黎人，具有取之不尽用之不竭的激情和冲劲，创作出了一个不朽人物，即《费加罗的婚礼》（*Le Mariage de Figaro*）中的费加罗。博马舍是一个钟表匠、发明家、宫廷竖琴师、各个商业企业的推动者、伏尔泰作品的出版商、不朽喜剧作品的创作者、无可比拟的小册子文章撰写者。他参与了一系列无休止的阴谋、决斗、冒险，并执行了对英国和德意志的秘密政治使命。

[21] 简而言之，博马舍精力旺盛、足智多谋，令人惊叹。他高超的智慧和卓越的文学才能使他最普通的行为都熠熠生辉。他诚实守信、慷慨大方，他的一生非常坦率且非常高尚。博马舍是一位勇敢、坚韧的斗士，经历过数千次的法律或政治斗争，他的整个一生都显示出他是一位热心、真正的男子汉。法国著名浪漫主义剧作家罗斯丹（Edmond Rostand）的名言是对博马舍最恰如其分的描写，没有人比他更符合这一名言：

> 我的功勋，就像装饰品一样佩戴在我的身上，
> 我的智慧，就像胡须一样缠绕着我的头脑，
> 无论是在拥挤的人群中还是在分散的个体那里，
> 我像马刺一样，让真理响彻云霄！

这个"轻浮的法国人"早就下定决心要为自己的国家雪耻，向英国报复，他要给英国造成极度可怕的损失，来洗刷1763年条约给法国所带来的耻辱。在美国独立战争真正爆发之前，他就清晰地预见到了这场战争。他不断向法国政府且后来还向西班牙政府请愿，鼓动法国伟大的外长弗金斯及其在西班牙的同事阿兰达伯爵（Conde de Aranda），成功地游说他们支持他的宏伟计划。

一开始是200万法郎，随后是更多的钱财，由两个波旁政府提供给"费加罗"的作者支配。

差不多在法国和西班牙公开向英国宣战的前两年，博马舍以罗得利格荷尔达来兹公司（Rodrigue Hortales et Cie）的名义在勒阿弗尔（Le Havre）设立了他的总部。正是从勒阿弗尔，博马舍于1776年和1777年给北美洲送去大量的帐篷、物资和各种设备，支援美国独立战争，其中包括30，000支步枪、200多门加农炮等等。［22］"我的远洋船队"（博马舍自己所称的）与殖民地人民保持着密切的联系。他的副手们，特别是迪卡尔布（Johann de Kalb）和不可或缺的施托伊本（Friedrich Wilhelm von Steuben）组织了殖民地军队。他与他的船长、军官们以及与法国政府的通信往来非常密切。他与李将军（Arthur Lee）、迪恩（Silas Deane）以及远在巴黎的那位威严且谨慎的富兰克林（Benjamin Franklin）之间的交易数不胜数，虽然很多时候他与这些人打交道并不那么愉快。在面对无数的经济或军事困局等突发情况时，博马舍一直都是从容不迫。我们绝对可以这样说：假如没有博马舍的机智和才能，美国在最初的两年内是无法把战争继续下去的。

现在大家都知道，尽管华盛顿精力充沛、忠诚可靠且为人诚实正直，大陆军还是遭受了严重的遗弃、背叛、漠视，军队中还滋生了胆怯退缩的情绪。是法国，在1778年夏天之前是博马舍，每次都在最需要帮助的时候伸出援助之手。博马舍一直都精力充沛，从不气馁也从未陷入绝望。但共和国政府从未承认他所做的贡献。更有甚者，多年之后，在博马舍几乎陷入穷困潦倒，要求部分赔偿他在为美国服务时无可置疑的个人损失时，他及他的孩子们还见识了最冷酷、最不可理解的忘恩负义。这一点我们必须得承认。

在美国所有公共场所，从来都没为他竖立过任何纪念雕像。对绝大多数美国人来说，他要么是个默默无闻的人物，要么只是个聪明的剧作家。终于，美国人为罗尚博伯爵（Jean Baptiste Donatien de Vimeur, comte de Rochambeau）①竖立了一座雕像，尽管竖立得非常晚。1781年约克镇战役的胜利归功于两个法国人，罗尚博是其中之一。人们希望美国人也能够为博马舍竖立几座类似[23]的纪念碑，在帮助美国人获得民族独立方面，博马舍比其他任何一个非军人都要做得优秀。

尽管美国独立战争在时间和空间上的跨度都非常大，但战争本身实际上是非常简单的事件。它持续了八年之久，在美国东部领土和几乎所有的海域进行。战略问题归根结底是海权问题。英国只要能够控制住大西洋，就能轻易地向殖民地派遣新的军队（大部分是雇佣军）。而一旦丧失对海洋的控制权，英国对美洲殖民地的控制权事实上也就丧失了。1777年10月在萨拉托加，伯戈因（John Burgoyne）率领的不到四千名英国士兵被迫向盖茨（Horatio Gates）率领的一万四千名美国军队投降。凭借这场胜利，殖民地实际上在战争结束的前三年就已经拥有了北部殖民地的所有权。

但是纽约、中部和南部殖民地仍然由克林顿（Henry Clinton）、康沃利斯（Charles Cornwallis）及其他英国指挥官所控制。1781年8月和9月，法国人在格拉斯（Comte de Grasse）伯爵的指挥下，挫败了英国将军胡德（Samuel Hood）和格雷夫斯（Thomas Graves）进入切萨皮克湾解救康沃利斯的企图。康沃利斯在约克镇

---

①　罗尚博伯爵（1725—1807），法国军事家，法国贵族和法国元帅。罗尚博伯爵帮助美国赢得独立战争，发挥了重大作用。在此期间，他担任法国远征军总司令，率领法军支援美国革命，帮助美国大陆军对抗英军，在维吉尼亚州的约克镇击败英军。他被认为是美利坚合众国开国元勋之一。

被罗尚博伯爵和华盛顿将军率领的七千名法美联军包围。格雷夫斯海军少将与格拉斯伯爵的海上交战持续了五天，战斗在亨利角（Cape Henry）展开。

这场至关重要的战斗，或者说一系列战斗彻底剥夺了英国对大西洋中部海域的控制权，并决定了康沃利斯的命运。[24]这是英国的海上滑铁卢，也是近代最不被人注意的军事事件之一。英国人和美国人听说过亨利角之战估计都不到万分之一。有关这场决定性胜利的所有细节从未公布过。在关于美国独立战争的书籍中，这场战斗既没有确切的名称，也没有得到正确的历史评价。的确，这并不是一件非常戏剧性的事件。关于这场战斗最基本的重要性，我们没有必要欺骗世人，让他们产生错误的认知。此战的重要性并不在于其恢宏壮丽，而在其效力和后果。

1620年的白山（White Mountain）战役①根本就不是真正意义上的战争。1800年的马伦哥（Marengo）战役②对拿破仑来说是法国军队具有积极意义的一次胜利。然而，由于白山事件，波希米亚直到今天仍然失去了她的独立地位。凭着马伦哥战役，或者更确切地说在德赛（Louis Charles Antoine Desaix de Veygoux）的帮助下，拿破仑建立了法兰西第一帝国。亨利角之战产生的最终

---

① 这是三十年战争早期的一场战役，1620年11月8日，在布拉格附近的白山发生的一场决定性战役。巴伐利亚公爵马克西米连一世的天主教军团由蒂利伯爵统率，击败了波希米亚国王兼普法尔茨选帝侯弗里德里希五世的新教军团。战败后，波希米亚（捷克）失去了独立地位，而新教也一直被禁止到1648年。

② 马伦哥战役，于1800年6月14日爆发，为法国与奥地利帝国于第二次反法同盟时期的一场战役，是拿破仑执政后指挥的第一个重要战役。这次战役对于巩固法国脆弱的资产阶级政权，对于加强拿破仑的统治地位都有着重要的意义。也是拿破仑毕生最引以为傲的一次胜利。

效果远远超过滑铁卢战役。尽管叙弗朗（Le Bailli de Suffren）于1782年和1783年在马德拉斯和锡兰之间的海域战胜了英国舰队，但其效果根本无法与格拉斯在亨利角战役所取得的决定性优势相提并论。叙弗朗的胜利没有什么实质意义，但格拉斯的行动却导致英国最终失去了美洲十三个殖民地。法国"百科全书"派所提出的建议、博马舍所进行的巧妙的个人努力，这一切都由格拉斯通过一场成功的海战画上了圆满的句号。

［25］人们习惯于指责拿破仑愚蠢地高估了自己。同样，人们也习惯上指责路易十四野心勃勃，指责他企图征服欧洲的想法太荒谬。但很少有人知道，乔治三世未能将13个殖民地保留在大英帝国版图内，主要是因为他的野心与拿破仑和路易十四的野心本质上是一样的。诚然，乔治国王并不打算统治欧洲，他只是试图挑战欧洲的主要强国。与美国作战的同时，他还鲁莽地与法国、西班牙以及荷兰作战，并挑动波罗的海诸国的敌意。路易十四因为同样的傲慢和挑衅行为，遭受了布伦海姆战役（Blenheim）、①都灵战役（Turin）、②马尔普拉凯战役（Malplaquet）③

---

① 布伦海姆之战是西班牙王位继承战争（1701—1714）中，奥地利、英国、荷兰联军与法国、巴伐利亚军队于1704年8月13日在巴伐利亚的布伦海姆村附近的决定性交战。这次会战是整个战局的决定性一役。巴伐利亚由此落到了奥地利人的手中，而路易十四则威信扫地。

② 都灵战役发生于西班牙王位继承战争期间。1706年，奥地利元帅欧根亲王利用一次远距离的复杂机动，冲破重重拦截，赶到被法军包围的都灵城下，以少胜多打破了法军的围困，毙俘三万敌军，结束了法国在北意大利的长期统治。

③ 马尔普拉凯战役是西班牙王位继承战争期间，1709年9月11日法国军队与英奥荷联军在马尔普拉凯进行的决定性战役之一。战役的结果是联军声称自己取得了胜利。

的失败。拿破仑由于犯下了挑战欧洲这一类似错误，在莱比锡和滑铁卢遭到了碾压式失败。同样，由于类似的致命错误，乔治国王丧失了英国的主要军事实力，即她的海上力量，并最终丧失了作为一个帝国曾经拥有的最广袤最富饶的殖民地。

欧洲是希腊非凡才智和罗马军事力量的继承者，无论是某一两个欧洲大国，还是其他非欧洲国家加在一起，都无法挑战欧洲。波斯帝国因挑战古希腊而失败；迦太基因为挑战罗马而没落；而美国的崛起，主要是因为英国在18世纪愚蠢地去挑战欧洲。

第二讲 法国大革命（一）

[26] 毋庸置疑，法国大革命是近代史上最重大的事件。我们无法清楚地追溯它的起源，也无法清楚地指出它在时间或空间上的终结。因为它就像波涛汹涌大海里的巨浪，不断地向18世纪那些并没有注意到它的国家蔓延。事实上，将法国大革命视作一场声势庞大的欧洲革命的一部分似乎更加确切。这场欧洲革命在法国是以一种政治和侵略的形式出现，在德国则披上了文学和哲学的外衣。法国这场巨大的革命动荡在拿破仑淋漓尽致的个性演绎中结束，并不仅仅是一个巧合。在德国，这场同等规模的学识骚乱以德国思想界的朱庇特——歌德的出现达到高潮。

仅仅解释法国大革命的独特性和宏伟性就已经非常困难，当我们试图给出一个具体的解释时就更是异常困难，当然这也是我们应该给出的解释。

人们习惯于用一般的道德评价，如对人性的评论，对法国人、德国人或英国人的性情的评论，来解释一些历史现象。然而，正是这些解释的普遍性使之不具有任何实际价值。

[27] 对史学家来说，法国大革命的问题是这样的：从法国大革命的目的和意图上来说，路易十五长期统治时期（1715—1774）更有可能爆发法国大革命，那么我们如何解释法国大革命爆发在路易十六的统治时期呢？

在路易十五的统治下，法国人民有越来越多的理由去批评、反对、攻击以至最终颠覆政府。而在路易十六统治时期许多弊病陋习已得以废除。实际上，路易十六政府时期，杜尔哥、内克尔（Jacques Necker），[①]甚至是卡隆（Charles-Alexandre de Calonne），[②]都在废除法国旧君主制中最残暴的弊病陋习方面做了大量英勇的工作。

此外，与路易十五相比，路易十六的外交政策是一个非常卓越的进步。路易十五在1763年的和平协议中遭到英国致命的羞辱。反过来，路易十六在1783年的和平协议中给了英国致命性的羞辱。路易十六统治时期，时任法国外交大臣的弗金斯获得了最大程度的成功。然而，法国人民非但不承认政府对国内的良好意愿，也不承认政府在国外所取得的巨大成功。他们仍然对政府感到不满，并最终爆发了著名的1789年大革命。除非我们能够对这个特别的日期做出解释，或者至少能够解释清楚这场大革命与路易十六统治之间的联系，否则作为史学家，这个任务即使完成，也非常糟糕。

如果现在翻看丹纳（Hippolyte Adolphe Taine），[③]托克维尔、西贝尔（Heinrich von Sybel），[④]巴克尔（HenryThomas Buckle）、[⑤]

---

①　内克尔（1732—1804）是法国路易十六的财政总监与银行家。

②　卡洛讷子爵（1734—1802），法国国务活动家、财政总监。他对财政和行政的改革加速导致了1789年法国大革命的政府危机。

③　丹纳（1828—1893），法国评论家与史学家，实证史学的代表，他著有文学史及文学批评《拉封丹及其寓言》（1854）、《英国文学史》（1864—1869），《评论集》《评论续集》《评论后集》。

④　西贝尔（1817—1895），德国史学家。著有《法国大革命时期的历史》（五卷）、《威廉一世创建德意志帝国史》（七卷）。

⑤　巴克尔（1821—1862），英国史学家，著有未完成的《英国文明史》（*History of Civilization in England*），亦被称为"科学史之父"。

索雷尔（Albert sorel）[①]以及其他人关于法国大革命的著作，我们将立即发现这一事实。无论是丹纳表面科学和冷静的分析还是[28]托克维尔的哲学思考，无论是德国知名教授深入细致的辩论还是索雷尔富有尊严的外交措辞，实际上都没有增进我们对法国大革命起因的深入了解。

在阅读所有这些以及类似作者的作品后，我们仍然未能明白（1）为什么法国大革命是在路易十六统治时期爆发，而不是在这之前；（2）为什么法国大革命爆发后，立即就获得了巨大的能量，其影响之深远，烈度之强烈，其他任何历史运动（如文艺复兴或宗教改革）都相形见绌，显得无足轻重。

一个令人清醒的事实就是，我们并不了解法国大革命。奥尔巴赫（Erich Auerbach）[②]曾经说过，大多数人尚未达到"歌德化"（即尚未足够成熟，无法理解歌德）。我们必须承认，我们尚未"足够成熟因而无法理解革命"。我们必须承认，尽管对法国大革命进行了严肃认真的哲学研究，关于这一重大事件，我们所知道的最精彩的部分可能仍然包含在伯尔纳（Karl Ludwig Börne）[③]经

---

① 索雷尔（1842—1906），法国史学家。其论著甚多，主要有《欧洲和法国大革命》八卷，材料宏富，文笔华丽，论述了从法国资产阶级革命开始到拿破仑一世帝国崩溃为止的国际关系史。另撰有《普法战争外交史》《十八世纪的东方问题》等。

② 奥尔巴赫（1892—1957）是德国著名的语文学家和比较文学学者，以代表作《摹仿论—西方文学中所描绘的现实》（*Mimesis: The Representation of Reality in Western Literature*）享誉学界，在西方产生了深远的影响。

③ 伯尔纳（1786—1837），德国杰出的散文家和小说家，激进的革命民主主义者，青年德意志派的主要人物之一。反对以梅特涅为首的神圣同盟。

典的诙谐之语中：

> 本来只需要一个人就能够阻止法国大革命，这个人就是
> 亚当，如果他在结婚前就将自己淹死的话。

尽管承认解释法国大革命会有超乎寻常的困难，但我们仍然可以努力指出一种或两种迄今未被注意或忽略的情况。虽然这可能不是法国大革命的具体原因，但可能是法国大革命的前兆。

众所周知，普遍的观点认为，旧制度下令人无法容忍的无政府状态和压迫使法国人民的生活每况愈下，这是法国大革命的原因所在。

许多作品，如亚瑟·杨格（Arthur Young）[1]的游记，[29]曾被引用来证明农民和小资产阶级（中产阶级）的无尽苦难及贵族阶层的颓废堕落。在法国大革命爆发前夕，杨格的足迹遍布法国。然而，现在已经证明杨格完全被欧洲那些最狡猾的头脑简单者即法国农民给骗了。如果像杨格那样认为任何农民都会向他透露家庭及农场的所有细节，而这些甚至连对自己的妻子都没有讲过，想想确实有些荒唐可笑。

现在，我们确切地了解到，在法国的一些地区人民极度贫穷，但这些人在那段时间大肆购买土地和农场。农民的经济史不能根据这些农民自己的口述来书写，必须通过公证员的行为和其他法律文件来进行核查。

关于旧制度下人民所谓的悲惨境遇，其实与路易十五统治时

---

① 亚瑟·杨格（1741—1820），是英国农业经济学家，是争取农民权利的斗士，也是货币数量论的拥护者。

期相比，路易十六统治时期人民的苦难要轻得多，现在人们已经承认这一点。另一方面，我们已经确切地了解到（不仅仅是从萨瓦兰的名句中了解到），路易十三（1614年）统治下的人民差不多已被最可怕的苦难压垮了。

确实，萨瓦兰（Jean Anthelme Brillat-Savaron）①曾对路易十三说：

> 皇帝陛下，如果您在您管辖的领地吉耶纳（法国西南部旧省名）（Guyenne）和奥弗涅大区（Auvergne）看到人们像牲畜一样吃草，您会有何感想呢？

不过，路易十三统治时期，那些（信仰天主教的）人从未起来反抗。

［30］有人认为，上述情况可能是法国大革命爆发的一个准备条件，那就是法国人民具有惊人的同质性。在近代，尤其是在美国，我们对数百万人在宗教、观点、着装和举止上都遵循同一标准习以为常，以至于我们忘了，这种具有同一性的群体在17和18世纪显然是一种异端。

在17世纪，如果普罗旺斯人或布列塔尼（Breton）人被称作法国人，他们会认为这是对自己的侮辱。在1685年南特

---

①　萨瓦兰（1755—1826），出生于法国贝莱，法国律师、政治家和美食家。曾在法国大革命时期的制宪议会任职，后回到家乡贝莱担任市长。

敕令（Edict of Nantes）^①废除之前，法国有相当数量的胡格诺（Huguenots）派教徒。除了语言，这些人与法国的其他天主教徒几乎没有什么共同性。不仅如此，在法国天主教徒内部，詹森主义者（Jansenists）^②也形成了最独特、最具特色的群体。在各个省份，人们向来过着各自独立的生活，各个社会阶层仍然彼此隔绝。这一事实使得资产阶级尚不可能出现在法国贵族那精致的客厅或宫廷里。

在17世纪，法国还远远不是单一民族的国家。一个阶层或群体的抱怨声在另一群体中得不到任何回应，引不起任何共鸣，因此无法产生任何有政治意义的动力。1788至1789年，甚至在整个18世纪，法国整个社会的抱怨哀叹不绝于耳。但是一个省或教派或阶层的抗议抱怨很少得到其他［31］省份、教派、阶层的支持，这些抱怨哀叹最终均遭到冷遇和忽略。另一方面，审视路易十六统治下的法国，我们却会对法国人民突出显著的同质性感到震撼。

胡格诺派教徒在1685年遭到驱逐，詹森主义者在1713年遭

---

① 南特敕令，法国国王亨利四世在1598年4月13日签署颁布的一条敕令。这条敕令承认了法国国内胡格诺教徒的信仰自由，并在法律上享有和公民同等的权利。这条敕令也是世界近代史上第一份有关宗教宽容的敕令。不过，亨利四世之孙路易十四却在1685年颁布《枫丹白露敕令》，宣布基督新教为非法，南特敕令亦因此而被废除。

② 詹森主义是罗马天主教在17世纪的运动，由詹森（Cornelius Otto Jansen，1585—1638）创立。它是一场源于宗教、政治、哲学的神学运动，主要发生在17至18世纪的法国，是对天主教发展和法国绝对君主专制制度的一种回应。其理论强调原罪、人类的全然败坏、恩典的必要和预定论。

到《乌尼詹尼图斯谕旨》（*Bull Unigenitus*）①的迫害。各省的自治权力和地方政治生活已经被柯尔贝尔（Jean-Baptiste Colbert）、②卢福瓦侯爵（Marquis de Louvois）③和路易十四的其他肱骨大臣实施的中央集权所削弱。在路易十五统治时期，资产阶级已经跻身大多数的贵族沙龙中。资产阶级提供了各种各样的舞台，他们几乎垄断了法国的整个知识界，并成功地宣称要求取得平等的社会地位。

　　这种同质性使得当时大多数法国人的心态变得相同，至少在政治、哲学和社会的某些基本原则方面变得相同。我们认为，必须承认这种同质性是法国大革命这一重大事件首要且不可或缺的条件。我们发现了什么？当某些有关政治的重要思想或智慧想法在巴黎一经发表，法国的其他地区，或大多数法国人，立刻对这些思想和想法产生兴趣，对其进行讨论、反驳、接受，无论是小册子、书本还是演讲，无论是杜尔哥、内克尔、孔多塞侯爵、西

---

　　①　1713年罗马教宗克里门特十一所下的敕令，它体现了国王欲根除詹森主义这一危险因素的决心，也反映了耶稣会教士要彻底打败其敌手的意图。

　　②　柯尔贝尔（1619—1683）是法国政治家、国务活动家。他长期担任财政大臣和海军国务大臣，是路易十四时代法国最著名的伟大人物之一。

　　③　卢福瓦侯爵（1641—1691）本名泰利耶（François Michel Le Tellier），法国政治家，路易十四时代法国最著名的伟大人物之一。在路易十四时代担任陆军国务大臣，对法国军队进行了大刀阔斧的改革。他的军队改革措施帮助法国在1672—1678年的法荷战争中夺取了胜利。

哀士神父（Emmanuel Abbe Sieyès）①或是其他省市的人。简而言之，他们对这些想法非常感兴趣。这是一个新的现象。

《皇太子妃》（*The Dauphine*）中那位默默无闻的官员，其政治思想本来在三十年前就已经淡出新闻媒体，[32]引不起听众的任何兴趣。但若放在18世纪80年代，这位官员的思想绝对会拥有广大的读者和听众，引发广泛的讨论。产生如此强烈而巨大的反差就是因为同质性的日益发展。这种同质性发展迅猛，甚至发展成一种普遍的人类情绪。

1789年7月27日至8月1日，众所周知的"大恐慌"（La grande penr）爆发。突然之间，整个法国的农村人口被一种极为神秘的恐惧感所笼罩。他们对强盗、劫匪、窃贼恐惧不已，认为这些人有可能流窜于整个法国，洗劫他们能得到的一切，这特别令人费解。这种恐怖纯属是想像出来的：根本没有强盗、没有窃贼。"大恐慌"明确无误地证明，除了心理同质性之外，还存在一种情感即感觉的同质性。人们的想法一样，感受相同，自然就会采取同样的行动。在法国历史上，法国人第一次意识到他们作为一个民族的团结和力量。一旦意识到自己的力量，法国人民就会试图维护自己对抗王权的权力，这非常自然。

很遗憾，当时掌握王权的两个人生来就不具有行使权力的能力，也没有受过教育应该如何行使权力，应该如何表达人民的意愿。国王路易十六思想狭隘，格局很小，性情冷漠。没有什么比

---

① 西哀士（1748—1836），法兰西天主教会神父，法兰西大革命、法兰西执政府和法兰西第一帝国的主要理论家之一，法兰西督政府督政官、法兰西执政府执政官。西哀士的"什么是第三等级？"成了事实上的大革命宣言并促使三级会议转而成为1789年6月的国民议会。1799年，西哀士煽动雾月政变，协助拿破仑得到权力。

他日记中关于人民攻占巴士底狱那天的著名记录更能说明他的性格了。那一天，法国的君主体制遭到了最可怕的攻击。[33] 而"今日无事"是那天国王日记里的内容。

至于王后安托瓦内特（Marie Antoinette），她是一个地道的奥地利人。作为女性，她具有很多魅力，但是却不具有严谨的品德。确实，通常我们可以说，她拥有一些缺点而这些缺点又没有相应的美德做补充，她拥有的优点又缺乏效率。她喜欢享乐、简单直率、随心所欲。她疏远了那些真正重要的人物，反而与那些热衷享乐的平庸之辈消磨时光。她品性正直，个性善良，但是不具有女性美德的力量。她抑制住自己对瑞典军官菲尔逊（Hans Axel von Fersen）的感情，但在关键时刻却不知道如何利用菲尔逊。

因此，作为国王和王后，他们既不能控制也无法引导由上述同质性引发的法兰西民族的力量。此外，像法国这样一个极度节俭的民族，不可能喜爱这位极度奢侈、大肆挥霍的王后，在法国财政处于极度匮乏的时刻，她允许卡隆耗资 2000 万法郎为她购买圣克卢（St. Cloud）城堡①和杭布叶（Rambouillet）城堡。1786年 8 月著名的项链事件及后面对红衣主教的审判实际上对她不利，她的声望遭受了无法弥补的损失。

其实，1789 年这个特殊的年份催生出了一个特殊非凡的人物。正如许多人所认为的那样，这个非凡人物本来可以避免法国大革命最糟糕情形的出现。这个人就是米拉波（Honoré Gabriel

---

①　圣克卢城堡建于 1572 年，法国大革命之前，该城堡曾是数位法国统治者的居所，并且是奥尔良家族庶支的主要封地。拿破仑发动的雾月政变亦在此发生。1870 年城堡毁于普法战争。

Riqueti, comte de Mirabeau）①伯爵。他出身于高级贵族家庭，但是由于其天资和缺陷，米拉波早就摆脱了法国贵族的那种偏见和［34］反动保守思想。他充满激情同时具有冷静的判断力。他洞察到所处时代主要国家的政治结构，了解国际政策中的重大问题，熟识那个时代的所有领导人物，更为重要的是，能够关注大量事实并予以概括提炼。所有这些使得米拉波一生无人能够与之相抗衡，在他之后也很少有人能够与其相匹配。然而，在实际政治生活中，米拉波个人声誉极其糟糕，欠下无数债务，同时放荡生活损害了他的健康和声望。因此，尽管他拥有精彩的演说技巧和敏锐的政治洞察力，但这为他赢得的是钦佩而不是实际影响力。

说米拉波伯爵本来可以阻止或避免法国大革命的最坏影响可能有点夸大其词。但另一方面，可以肯定的是，在那些务实的政治家中，只有米拉波第一个预见到革命各个阶段以及革命最终会发展成由一个权力至高无上的独裁者统治的帝国。最终，米拉波于1791年因健康严重受损而过早死亡，他的早逝使得法国丧失了当时唯一可能成为领袖的人物。于是，革命的怒火席卷整个法国和欧洲，却没有遇到任何可以控制它们的强大力量。

在1787年召开显贵会议之后，卡隆说服自己和国王，称要解决国家的不满及消除国家的罪恶只能通过召集各个阶层开会。1788年12月，［35］三个等级，也就是贵族、教士和第三等级（Tiers-Etat）或资产阶级的代表被召集到一起，目的是解决

---

① 米拉波伯爵（1749—1791），法国革命家、作家、政治记者兼外交官，共济会会员。他是法国大革命时期著名的政治家和演说家。在法国大革命初期统治国家的国民议会中，曾任法国国民议会议长，他是温和派人士中最重要的人物之一，主张建立君主立宪制以融合到革命中。

国家危机，治愈国家创伤。1789年1月至4月，法国人民在各个地方议会举行会议，他们起草并递交著名的陈情书（Cahiers de Doléances）。在陈情书中，他们以最诚挚和最大胆的方式批评当时普遍存在的弊病陋习，批评当时的法国统治者。随后，通过间接选举选出的一千多名代表前往首都，于1789年5月5日在凡尔赛召开三级会议。此次会议是自1614年三级会议停开以来首个真正意义上的议会。轻率的国王决定在凡尔赛召开会议是因为这里便于他狩猎。

起初，前两个阶层即贵族和高级教士拒绝第三等级的加入，但米拉波伯爵和第三等级的成员坚持不让步，最后战胜了贵族和高级教士。1789年6月27日，三个阶级在同一房间举行会议，并组建法国国民议会。这个著名的国民议会长期以来被称为制宪议会。

无论是国王还是王后，更不用说宫廷里的众多成员，他们都不能甚至也不愿看到新议会所具有的巨大意义。国王骨子里是非利士人（Philistine）（即庸俗无能之人）。王后是一个没有任何政治概念的女人，单纯如少女，不可能也不愿意看到法国进入一个对她来说是全新的时代。

［36］柏克是英国最伟大最深刻的思想家之一，可是连他都完全无法站在正确的历史视角来看待法国所发生的事件。因此，我们指责路易十六夫妇目光短浅可能并不明智。只要想一想柏克，我们就很容易宽恕路易十六和安托瓦内特。柏克非但没有认识到法国大革命的重大意义，反而把自己无与伦比的演说天才全部用来批判谴责这一重大事件。

在这种情况下，我们毫不惊讶路易十六会彻底地误判他所处时代的精神。他在7月11日将最受欢迎的财政总监内克尔解职，随后于7月14日，愤怒的法国人民攻占象征法国专制政权的巴士底狱。路易十六无论如何也无法理解这一事件，这使包括英国在内的整个欧洲的自由主义者都陷入一种狂热的喜悦之中。英国伟大的哲学家和法国渺小的国王无法看到的是，法国贵族阶层的一些主要成员非常乐意接受这一切。1789年8月4日，诺瓦耶公爵（Duc de Noailles）和艾吉永公爵（Duc d'Aiguillon）主动提出全面废除一切封建义务和贵族特权。因此，在时代精神的高压下，旧制度被它的忠实信徒给废除了。

在8月、9月和10月，制宪议会开始以即使不是最教条至少也是最明确的方式，制定了指导个人与国家关系的一般原则。在旧政权的废墟上，米拉波伯爵凭借自己的实践智慧，以温和的手段将卢梭的所有思想［37］用于建造一个法律面前人人平等的共和国。这个国家不存在等级制度，没有宗教的不容异说，并最终摧毁了长期以来阻止法兰西民族融合成为平等公民同质体的地方主义。

至此（1789—1790），即便法国最大的敌人也不得不承认，法国大革命仅仅发生在法国境内，绝对不会威胁到其邻国或欧洲的其他大国。法国政府宣布，他们最不关心的就是侵略政策，特别是对普鲁士和英国的侵略政策。法国给出最明确的保证是，法国既不希望得到莱茵河左岸的领土，也不希望得到比利时的领土。

然而，其他大国无法明确而公正地看待法国大革命，他们认为法国将落得跟波兰一样的命运，即被邻国所瓜分。我们的意思是说，这些大国决定对法国发动战争。因为法国似乎有一个摆脱不掉的历史魔咒，即法国的任何大运动或事件都将不可避免地引起欧洲其他国家的担忧、关注或钦佩，其影响程度远远超过其他国家发生的此类事件。

出现这种情况并不难解释。在欧洲地图上，如果我们将指南针的一个点放在法国的中心位置，如布尔日（Bourges），另一个点放在爱丁堡，然后围绕布尔日画一个圆。我们将会发现，法国最大的敌人和竞争对手［38］离布尔日的距离都相等，如英国、柏林、维也纳、罗马、马德里。法国的这一中心位置使得诸如法国大革命这样的事件对它的邻国极度重要。

一场革命在当时的欧洲中心蔓延开来，必然会以最直接的方式影响到其他大国。除了法国和法国文学于17世纪和18世纪在道德和文学方面征服整个欧洲外，这无疑是另一个原因，让欧洲对法国大革命的兴趣远远超过它对英国内战（1642—1651）（Civil War in England）① 或对荷兰起义（1566—1648）（Dutch revolt）② 的兴趣。因此当大国决定开始入侵法国时，它们都是出自自身利益的考虑。

1791年8月的《皮尔尼茨宣言》（*The Declaration of Pillnitz*）③ 只是一个序曲。1792年春天，奥地利入侵法国。1792年8月，普鲁士入侵法国。在1792年9月著名的瓦尔密战役（Cannonade of

---

①　英国内战是指1642年至1651年发生在英国议会派与保皇派之间的一系列武装冲突及政治斗争。辉格派史学家称之为清教徒革命。

②　荷兰起义又称为"八十年战争"、法兰德斯战争，是一场哈布斯堡尼德兰与西班牙帝国于1568年至1648年期间爆发的战争，其中于1609年至1621年之间存在了12年的和平时期。

③　《皮尔尼茨宣言》是奥地利和普鲁士关于共同反对法国大革命的宣言。奥地利皇帝利奥波德二世和普鲁士国王威廉二世于1791年8月27日在今德国萨克森州皮尔尼茨城堡联名发表。宣言号召欧洲列强支持法国国王路易十六，警告法国大革命的革命者不要进一步侵犯路易十六的权力并将权力交还路易十六。宣言促使了法国大革命战争的爆发。

Valmy）①中，布伦瑞克公爵（the Prince of Brunswick）率领相当规模和训练有素的普奥联军与迪穆里耶（Charles-François du Périer Dumouriez）将军率领的法军展开战斗。在交战中布伦瑞克犹豫不决，见无法突破法军的防线，他便退回了德国。

歌德目睹了这场战役。炮击瓦尔密后的那个晚上，歌德被问及如何看待当天的那场战斗，他回答说：

> 先生们，
> 从今天开始，
> 从这个地方开始，
> 世界历史的新时代已经开启。
> [39] 你们可以说你们亲眼见证了它的诞生。

---

① 瓦尔密战役，也被称为"炮击瓦尔密"。1792年9月20日，法兰西革命军队为一方，奥普联军及入侵法国企图扑灭革命力量恢复君主制度的法侨保皇党分子支队为另一方，在瓦尔密（法国马恩省的村庄）地域进行了一次交战。双方在10天交战期间基本上就是大炮对轰，最后联军因后勤问题自动撤退。瓦尔密之战的胜利，是法兰西革命军队对封建君主国家联盟的第一次胜利。

第三讲　法国大革命（二）

[40] 在法国大革命的第一个时期，法国人民充满理想，希望建立一个自由的共和国，但这一时期在1791年6月宣告结束。在这个灾难性的6月里，国王夫妇采取了不明智的举措，试图经由德意志逃离法国。这次逃亡的筹备和实施的方式非常拙劣，国王在法国边境瓦雷纳（Varennes）被驿站站长抓获并不特别令人吃惊。人们更奇怪的是，为什么国王在离开巴黎后没有很快被发现？

在整个激愤民族的愠怒和沉默中，国王和王后被带回巴黎。现在已经很清楚，国王也像外国势力一样受到仇视和憎恶，整个国家完全受欧洲阴谋集团的摆布。无论是在中世纪或是在近代，欧洲从来没有一个国家像法国那样处于如此悲惨、如此令人恼火的境地。法国人民从各个方面感受到来自欧洲其他国家或私下或公然的攻击。瑞典国王古斯塔夫三世（King Gustav III），俄罗斯女皇叶卡捷琳娜大帝（Catherine the Great），奥地利利奥波德二世（Leopold II）①和普鲁士威廉二世（Friedrich Wilhelm II），都对法国抱有敌意。与此同时，英国及所有其他国家则可能随时入侵法

① 他是哈布斯堡—洛林王朝的神圣罗马帝国倒数第二任皇帝，匈牙利和波希米亚国王。他也是奥地利统治下的意大利的托斯卡纳大公。利奥波德二世是法国大革命最顽固的反对者，这部分缘于他的妹妹，法国国王路易十六的王后玛丽·安托瓦内特被法国共和政府处决。

国。[41] 对那些刚刚遭受国王背叛并见识到国王怯懦的人来说，所有这些都是最可怕的威胁，任何一项都足以让一个国家陷入绝望中。

然而，即使在如此艰难的情况下，法国人民仍然忠于国王。1642 年在英国，当查理一世逃离伦敦时，英国人民公开向他提出宣战。而法国人民不仅没有公开向国王宣战，反倒还在几星期后委托路易十六管理法国。即使在那时，也很少有人认真考虑过建立共和国的可能性，路易十六有很多机会巩固其摇摇欲坠的地位。但是，大国针对法国的计划已经变得如此显而易见，他们企图像在 70 年代对待波兰那样来对待法国。1791 年年底，以吉伦特派和迪穆里耶将军为首的战争派变得非常有影响力，法国与欧洲之间发生冲突只是时间早晚而已。

一些大国采取行动，特别是普鲁士和奥地利，是因为他们彻底误判了法国的资源和局势。来自法国的众多流亡贵族（政治难民）传播着这样一种信念（迄今仍有许多史学家对此表示认同）：法国大革命实际上只是巴黎的一种地方无政府状态，绝大多数法国人根本不赞成。此外，这些流亡贵族巧舌如簧，他们振振有词地指出，由于 1781 年国王敕令的颁布，贵族纷纷移居国外，法兰西民族丧失了他们的军官。因为按照国王敕令的规定，自 1781 年以来，军队中只有三代都是贵族的人才能担任法国军队的军官，第三等级的人只能做士官。

[42] 残酷的局势和这种残暴行径激发了法兰西民族的所有潜在能量。1792 年 9 月，当普鲁士和奥地利联军进逼莱茵河时，法国人并没有畏惧和气馁。相反，他们同仇敌忾，比以往任何时候都更坚决地抵抗敌对同盟的无端进攻。

　　人们只需阅读布伦瑞克（Brunswick）公爵起草的宣言，[①]就可以了解法国人民英勇无畏的决心及他们捍卫国家安全的坚决意志。即使付出最惨重的人员伤亡和最沉重的金钱损失，法国人民也决不会放弃。这份宣言即使不是由布伦瑞克起草的也是由他签署并从科布伦茨（Coblentz）[②]开始生效的。该宣言在整个历史上独一无二，除非我们将其与阿提拉（Attila）、[③]成吉思汗或其他一些"上帝的灾难"[④]中的残暴行径相比较。布伦瑞克威胁法国民众将把巴黎夷为平地，将他们的国家变为不毛之地，除非法国民众能够恢复旧君主体制并放弃自1789年5月以来获得的所有权利。

　　法国民众以著名的"九月屠杀"[⑤]来回应这份宣言。在9月初的五天里，许多人（其中许多都是无辜者或是伤残人士）在巴黎的街头、医院和监狱遭到暴徒的疯狂屠杀。这些狂怒的暴徒因为

---

　　① 1792年4月25日，普奥反法联军总司令布伦瑞克发布宣言，威胁法国人民必须恢复路易十六的一切权力，否则将对敢于反抗的居民"给予永世难忘的惩罚"。

　　② 科布伦茨是德国西部的城市，法国大革命期间是流亡贵族的大本营之一，路易十六的两个弟弟也在那里组织反法同盟的军队。

　　③ 古代欧亚大陆最为人熟知的匈人领袖和皇帝，阿提拉在西方历史上通常被描述成"上帝之鞭"，而他的名字也成了残暴和野蛮的同义词。他曾多次率领大军入侵东罗马帝国及西罗马帝国，并对两国构成极大的威胁。他曾率领军队两次入侵巴尔干半岛，包围君士坦丁堡；亦曾远征至高卢（今法国）的奥尔良地区，最后终于在沙隆战役被逼停止向西进军。然而后来他却攻向意大利，并于公元452年攻陷当时西罗马帝国的首都拉文纳，赶走了皇帝瓦伦丁尼安三世，使西罗马帝国名存实亡。

　　④ 上帝的灾难或上帝的惩罚，可以指阿提拉，在中世纪基督教传说中也用作"因原罪而施予一个国家的任何灾难的通用指称"，如黑死病、成吉思汗等。

　　⑤ "九月屠杀"是法国大革命期间在1792年夏季（1792年9月2日至7日）巴黎及全国各个城市持续五日的杀戮风潮。

担心法国会葬送在外国结盟势力手中而变得疯狂。

当然绝对不能原谅这些疯狂可怕的大屠杀行径，但这样的反应与大多数国家的民众在情绪空前高涨时期的行为是一致的。

英国内战期间，在不分青红皂白地大规模处决［43］所谓的女巫和巫师的行动中，民众的狂热和亢奋情绪得到发泄和释放。正如莱基（William Lecky）先生所说，内战期间被残忍杀害的女巫和巫师的人数众多，其数量远远超过英国历史上其他时期所处死人数的总和。从1645年到1647年，仅在萨福克郡（Suffolk）和埃塞克斯郡（Essex），就有150多名女巫被处死。狂热暴徒对残忍的迷恋程度令人费解。丹东（Georges-Jacques Danton）没有采取任何措施来阻止"九月屠杀"，但是无论如何，我们不可以说他是这些错误行径的始作俑者。法国民众实际上已经于1792年8月10日罢黜国王。现在面对极端危险时，凭着好斗动物那盲目但一贯正确的本能，他们大胆地以实际行动来证明他们前所未有的决心，表明他们将团结一致抵制国内外的攻击者。

在谴责"九月屠杀"及实施这些暴行的民众的同时，我们无论如何必须把几天后瓦尔密战役这一重大胜利的绝大部分功绩归于这些人。瓦尔密战役本身是一场无足轻重的战役，但在这场战役中，一种新的精神即团结而坚定的民族精神被证明比普鲁士和奥地利的军队强大得多。国外联军被赶出法国，迪穆里耶在取得瓦尔密战役的胜利后继续向北行进。在热马普（Jemmapes）打败奥地利后，他将奥地利军队赶回莱茵河，并占领比利时和荷兰的部分地区（1792年秋）。法国军队取得的伟大胜利极大地提高了吉伦特派的威望。其中维尼奥（Pierre Victurnien Vergniaud）、让索内（Armand Gensonné）、加代（Élie Guadet）、罗兰夫人（Madame Roland）最具影响力，吉伦特派很快把国王送上了断头台。现在，法国终于清楚地意识到［44］

欧洲那令人恼怒的敌意，他们同仇敌忾，采取措施将这个古老国家中强大的力量集中起来以增强抵抗。

对于研究历史的人来说，无论对其灵魂还是对其思想，法国单枪匹马独自抵抗欧洲其他列强的场景都具有很大的冲击性和吸引力。除了古希腊和伊丽莎白统治下的英国，没有任何国家（无论其大小）能够单枪匹马地通过一国为恢复其独立和自由而与世界斗争的重大考验。为了公正地评判1793年和1794年的所有事件，我们必须坚定不移地秉承这一观点。各种事件被渲染、被玷污、被歪曲，却也被最残酷的暴行和最令人震惊的军事及人类事件的荣耀所美化。那个时期就是众所周知的"恐怖统治"时期。在这里列举或描述法国大革命中"国民公会"或第三阶层人员所犯下的暴行将会是多此一举。这些在所有书籍中，在成千上万的小说中，在不计其数的传记和回忆录中都有记载。

马拉（Jean-Paul Marat）、埃贝尔（Hébert，Jacques-René）、罗伯斯庇尔、德穆兰（Camille Desmoulins）、坦维尔（Fouquier-Tinville）、圣茹斯特（Saint-Just）及另外一些"恐怖统治"时期的名人，他们的名字家喻户晓。但是，对于研究那个时代的大多数学者，我们必须指出且不断提醒他们的是，这些暴行与法国人在这一时期完成的法国复兴，更确切地说与欧洲复兴之间有着不可否认的关联。[45]法国将军们在1794年、1795年和1796年取得了无与伦比的功绩和成就。"恐怖统治"时期推行的一系列社会改革，现在几乎被普遍接受，但改革的主持者可能永远不会想到它所引发的狂热和空前的能量，法国国内的过分狂热不过是其黑暗的反面。

若全面研究"恐怖统治"，即研究法国国民议会、公安委员会（Comité de salut public）以及巴黎市领导人采取的行动和措施，将不得不得出如下结论。巴黎市政府及其背后的操纵者代表着勋章黑暗的一面，公安委员会（无论是在丹东领导下还是在罗伯斯庇尔的领导下）则代表着法国维护国家统一和完整的坚定决心。"国民公会"本身，即当时的革命议会，是赋予法国在和平时期维护秩序、在战争时期维护权力的最高权力机构。公安委员会是近代各国政府中最集权的机构，一个真正的独裁统治委员会。它能够极其有效地组织该国的行政和军事机构——特别是通过其在各个省的代表——使得法国能够将大量军队投放到边境。法国最终在1794年6月的弗勒昂斯（Fleurus）战役中再次将联军从比利时和荷兰驱逐出去，更不用说将联军从阿尔萨斯驱逐出去了。

另一方面，"国民公会"则引入十进制、米制体系，改革所有高等教育学校，使宗教宽容合法化，改革法律，并提前提出法国的重组（后来由拿破仑一世完成）。

［46］考虑到法国是在极短的时间内完成了最全面的法律和社会改革，而其他国家要取得同样的结果需要几代人数十年的努力和奋斗，我们不得不得出一个结论：只有在整个民族受到异常兴奋的情绪煽动时，如此激动而又空前的民族活动才能发生。这种情绪的过度旺盛势必导致酷刑和虐待行为的发生。让我们暂且不去考虑具体的事物和制度，先来研究那个时期的领导人物。在这些领导人身上，我们发现了同样的能量，因此在全国范围内也存在同样的酷刑和滥用刑罚。

具有伟大进取心和勇气的丹东拥有最热情和最真诚的爱国精神，对国内外事务有着深刻的政治洞察力，同时还是当时最伟大的雄辩大师。他与冷血邪恶的阿拉斯（Arras）律师罗伯斯庇尔形成了鲜明的对比。这位阿拉斯律师卑鄙、恶毒并极具野心，他肮脏的灵魂因为他病态的多愁善感而令人更加恶心。德穆兰展现了作为时事评论员和演说家的强大力量。圣茹斯特为拯救他的祖国采取了一系列严酷的措施。对众多的无名英雄来说，死亡不能让他们感到恐惧。从众多的女性身上，从科黛（Charlotte Corday）这位刺杀了马拉的纯洁无辜的少女，到罗兰夫人，到法国大革命时期所有其他著名人物身上，我们发现了大规模不为人知的人类能量。这些都反映出法国大革命给法兰西民族带来的巨大推动力。[47]如果必须宣称欧洲争相分一杯羹的行动激起了法国大革命的暴行，那么，将国家新的重大力量用于实现改革和剥削第一等级，这一荣耀还得全部归于法国人。

1795年3月，法国的陆海边境均遭到欧洲列强的进攻。15个月后，法国人打败并驱逐了所有大陆强国。英国的海上力量也只能吹嘘自己获得一次毫无价值的胜利，1794年6月1日光荣的六一海战。在此次海战中，尽管英国海军上将理查德·豪（Earl Richard Howe）使法国海军少将乔伊斯（Louis Thomas Villaret de Joyeuse）的舰队丧失了战斗力，但他未能阻止来自西印度群岛的法国大型补给船队进入布雷斯特（Brest）。

1794年夏天，法国人取得的决定性胜利使得国内的无政府状态毫无目标可言，军队的胜利导致新兴的大资产阶级"疯狂地密谋"反对罗伯斯庇尔。罗伯斯庇尔及其追随者在共和国广场被处决，落得与丹东、埃贝尔及其他许多"国民公会"成员相同的命运。1795年，根据宪法建立了督政府（Directoire exécutif），这是一个人员和机构既不重要也无益处的政府。早在1795年，法兰西共和国已通过《巴塞尔和约》（1795）成功地与普鲁士、西班牙实现了和平。法国的军事地位非常优越，骚乱中心越来越多地落在法国之外。从1796年起，法国历史或者更确切地说是欧洲的历史就开始浓墨重彩地书写一个人的名字。这个人就是拿破仑，他的名字一直统治着世界直至1815年！

第四讲　拿破仑（一）

[48] 近代历史的所有人物中，拿破仑最受崇拜同时又最受诟病。人们普遍认为他是近代历史中最伟大的战略家、最伟大的政治家之一，与此同时也是最自私和最残酷无情的人物之一。另一方面，许多史学家，无论是法国人还是非法国人，都对这位天才和这位伟大皇帝的性格表示无条件的崇拜，是他的狂热仰慕者。有关这位无与伦比的科西嘉人职业生涯的文献、书籍、论文数量是如此之多，而且还在不断增加，以至于我们可能很容易就陷入一个误区，即我们现在已经完全具备公正、充分地评价拿破仑的条件。

然而，就像对法国大革命的认识一样，我们千万不能忽略一个事实，即我们没有资格对这样一个人物进行最终判决。他的性格比歌德更深沉、更复杂。他的外交活动比黎塞留、考尼茨、梅特涅所有的外交活动加起来还要广泛全面。他的军事功绩遍及整个欧洲和部分非洲和亚洲。作为一名立法者，他的活动如此广泛，他的功绩如此巨大，[49] 以至于可以说近代法国是拿破仑所颁布的行政措施和相关制度的直接产物。

通常，性格并不会依照分析行事。但是，当性格变成像法国伟大皇帝那样具有如此广博和深不可测的维度时，所有的心理或伦理分析的资源都令我们失望。此外，如果我们考虑到在欧洲和美洲关于拿破仑的文学作品中充斥着如此大量令人难以置信的误会，那么如此多的现代史学家摆出一副法官的面孔对诸如拿破仑这样的人进行评判，则显得荒谬至极。每一位研究历史的人都知道，查理五世去世后将近350年，我们尚且无法确切地说出这个阴沉的哈布斯堡王朝皇帝的特点和历史地位。如果认为我们已经能够从正确的历史角度来看待一个比查理五世优秀许多，且死亡距现在还不足三代的统治者，这种想法将非常荒谬可笑。

当然，关于拿破仑，研究人员在进行任何历史性研究时，必须放弃哪怕一丁点的鲁莽和傲慢判断的倾向。拿破仑所做的或直接由他促成的活动与事件在数量上是如此巨大，以至于随便从中挑选一些材料，人们就可以轻易地相信拿破仑遭受过最大的或最可怕的恶习的折磨。而若选择另一些事件，人们又可以证明他是一位最高尚、最崇高的人物。正如每个伟大的实干家一样，拿破仑既做好事也做坏事，既慷慨又吝啬，既懂得感恩又忘恩负义。

1796至1797年期间，在洛迪桥（Bridge of Lodi）①或［50］在阿尔柯拉（Arcole）的沼泽中，拿破仑展现出非凡的勇气。1814年首次退位后，拿破仑则展现出极端的懦弱。他是一位优秀的丈夫，但是他残酷地与第一任妻子离婚，然而心中又从未停止爱她。拿破仑是一位忠实可靠的儿子和兄弟，但有时却极其严苛地对待他的家人。

我们无须对此表示惊讶。一个伟大人格所具有的典型症状和

---

① 即洛迪之战，是征战意大利期间拿破仑追击博利厄将军所率奥地利—撒丁军队时的一次战斗，是拿破仑比较著名的战役，发生在1796年5月10日，其背景是法国正处于帝国全面战争时期。据记载，洛迪战役结束后，拿破仑开始意识到他可以在法国的政治舞台中成为一个起决定作用的人物，他对于功名与权力的渴望也是在那时出现的。可以说，洛迪战役是拿破仑的觉醒战。

本质，就是同一灵魂中同时存在最矛盾的品质和最对抗性的倾向。唯一能与亚历山大大帝和凯撒大帝相提并论的拿破仑，在他丰富多彩的一生中表现出大量同样令人困惑的、明显不连贯的现象。正是这种不连贯的现象，使得人们对伟大的马其顿王以及罗马帝国的缔造者进行评价都极为困难。直到今天，我们仍然受到凯撒的影响，更不用说拿破仑了。大量包罗万象的素材和事实仍然显示出这两人独特的伟大之处。人们对拿破仑的看法迄今与对凯撒的看法一样非常广泛，且各不相同。

因此，我们不可能用一个简单的道德评判公式将拿破仑的性格和天才囊括进去。尽管如此，我们仍然认为，并非不可能解释一个奇怪的事实，即近代最伟大的政治家和战略家来自科西嘉——一个就欧洲历史而言完全无足轻重的偏僻小岛。在近代，我们曾注意到有两次这样的特殊联系，即最伟大的政治思想的起源地与其最终结果完全不相称。近代最强大的政治团体的创建者，[51]过去四个世纪最重要、在许多方面都是最强大的政治联盟耶稣会的创始人圣罗耀拉（St.Ignatius Loyola），来自偏僻、贫穷和毫不起眼的巴斯克（Basques）地区。这个拥有强大思想并构建、推动和组织"耶稣会"的人是一个巴斯克人。就拿破仑而言，我们能够做的不仅仅是讲述法兰西第一帝国的皇帝陛下来自科西嘉岛这个有趣的事实。

尽管科西嘉人的历史通常都被忽略，事实上他们是地中海地区最引人注目的民族之一。他们不同于撒丁岛上的居民，后者在历史上从来没有发挥过任何重要作用，而科西嘉人一直在向强大的热那亚共和国发动世俗战争。在拿破仑诞生前四十年，科西嘉人发动的民族抵抗战争不仅针对热那亚，还经常针对强大的法国军队。他们拥有极高的军事能力和军事天赋，多次打败法国军队和热那亚军队。直到持续四十年的战争结束时，法国才某种程度上占有了这座岛屿。在这些伟大的民族战争期间，阿里戈（Arrigo De la Rocca）、帕欧里（Pasquale Paolis）及其他许多科西嘉人展现出军事和政治工作方面的强大天赋。拿破仑可以说只是这一系列英雄人物中的高潮。众多英雄在力量最悬殊的战斗中接受锤炼，天然就具有敏锐的洞察力，这是当时任何其他欧洲国家所不曾拥有过的机会。

无论如何，[52] 在评估拿破仑的军事天才时，我们不能忽略一个事实，即他生活在一个遭受邻国和强大帝国攻击的边境地区。正是在这种环境里，长期与强敌作战的习惯成就了地米斯托克利（Themistocles）、布鲁斯（Robert Bruce）①等人以及拿破仑。

然而，仅仅指出拿破仑的科西嘉出身，而不提拿破仑与法国本土之间的联系，这显然不公平。拿破仑是法国大革命的化身，是法国大革命发展的最高潮，这一点不容否认。早在拿破仑出现以前，大多数法国人及法国之外的大多数有思想的人就已普遍相信，这一伟大事件最终将导致一些杰出人物的出现。拿破仑自己在圣赫勒拿岛（St. Hellena）上也曾一再表示，就算他不是法国的皇帝，也会有别的人来扮演这一角色。在尝试了各种可能的党派后，法国人不得不意识到，拯救国家的力量既不能依靠温和派也不能依靠激进派，既不能恢复旧体制的法制状态也不能依靠维持绝对民主的共和国。在这种情况下，很显然，只有一个足够强大的意志和思想，才能引导法国走出自1795年以来就彻底改变并

---

① 史称罗伯特一世。是苏格兰历史中最重要的国王之一。他在位期间，政体开明，司法公正，他本人也享有极高的威望，曾经领导苏格兰王国击退英格兰王国的入侵，取得民族独立。

打乱欧洲旧政治体制的战争和政策迷宫。

此外，历史上的普遍现象就是，那些大规模的、激动人心的运动，无论是政治性质的还是精神性质的，最后都会以一个伟大人物的出现而宣告终结。这个伟大人物融合了各种因素因而能够控制这些因素。因此，[53] 在长期的，有时是世俗的宗教革命结束时，伟大的宗教创始人就出现了。正如法国出现亨利四世，英国出现克伦威尔（Oliver Cromwell），德国出现俾斯麦。

这些伟大人物与他们所处时代的关系正如花与叶和茎的关系。既不能说是他们创造了他们的时代，也不能说他们只是那个时代的产物，两方面相互交织。没有法国大革命，拿破仑是不可想像的。没有拿破仑的法国大革命代表的将仅仅是野蛮的、毫无益处的无政府状态。法国大革命与拿破仑共同构成了近代历史上最重要的事件。

这个非凡的男人身材矮小，体格结实，有着古典的相貌，身体健康，生活习惯尤为节制。拿破仑吃得很少且不擅饮酒，平常喝的饮料是一点苏玳（Sauternes）葡萄酒。①年轻时，拿破仑非常瘦弱苍白。三十八岁后变得相当臃肿笨重。他几乎不需要睡眠，仅在白天或夜晚小睡一会儿。

他的工作能力非常强悍，经常把他的部长们弄得筋疲力尽，而他自己却不曾感到丝毫疲惫，能够毫不费力地从一个主题转向另一个。拿破仑过去常说，那些令他感兴趣的主题和人物都被收好放进许多"抽屉"里。当他想要"A"主题时，他只需要打开对应的"抽屉"即可。拿破仑对细节的喜好和敏感，与他能在千头万绪中抓住事物主要特点的能力一样不同凡响。他热衷于阅读

---

① 法国波尔多苏玳地区所产的甜白葡萄酒。

最细微的军事报告，记忆中储存着数目繁多的细节情况。这些细节关乎他的军队、他的舰船、他的堡垒及他的官员，[54] 对于所有这些，他都能信手拈来且都准确无误。对于各省省长或代理人呈报给他的有关远方省份的报告，拿破仑会根据记忆予以更正，根本无须咨询任何参考书或任何纪要。事实上，说他的思维本质上是"地形学"完全正确。也就是说，在他的脑海中镌刻着一幅巨大的欧洲地图，每个国家的政治和社会信息与所有的物理特征（诸如山脉、河流、湖泊、小溪、峡谷、隘口、山口）都仔细地存入他的大脑中。尽管具有伟大的天赋，但拿破仑的成功毫无疑问首先得归功于他掌握的这些卓越的信息。

黎塞留（Richelieu）[①] 通过代理人成为法国最了解自己国家实际情况的人，他从不信任任何人。与黎塞留一样，拿破仑对于即将与之作战的国家和个人总是要掌握最准确的信息。尽管主要是在那些早已绘制有非常详细地图的国家作战，但是拿破仑仍然不断要求绘制最新的和更好的地图。他派遣那些受过最好训练的军官重新勘测诸如巴伐利亚这样众所周知的国家，不断研究能够弄到手的所有地图。此外，拿破仑拥有真正"客观"的情绪。正是这种客观性使得天才能够根据事物本身的特点而不是根据自己的欲望或个人"偏见"来看待事物。

在公正地看待敌人的能力或资源方面，以及在对自己天赋的正确认知方面，没有人能超越拿破仑。通常，他不会高估也

---

① 黎塞留（1585.09—1642.12），法王路易十三的宰相，天主教枢机主教，波旁王朝第一任黎塞留公爵，在法国政务决策中具有主导性的影响力。黎塞留是法国专制制度的奠基人，同时他也是将法国改造成现代国家的伟大改革家，更是现代实用唯利主义外交的开创者，被西方誉为现代外交学之父。

不会低估他的敌人。拿破仑在1805年乌尔姆这场经典战役中获得战略性胜利，主要是因为他对奥地利的麦克（Karl Mack von Leiberich）将军做出了正确的评价。[55]当时人们普遍认为麦克将军是一流的战略家，而拿破仑却正确地认识到，他不过是一个头脑愚蠢的半吊子（dilettante）。

　　另一方面，拿破仑充分欣赏他的伟大对手卡尔大公（Archduke Charles）①的天赋。对个人如此，对国家亦是如此。无论他在公开场合出于政治目的做出什么样的评价判断（如拿破仑曾说英国是个"小店主之国"），在与朋友和官员的通信中，我们注意到拿破仑对英国的优秀品质有着非常公正的评价，甚至对葡萄牙和西班牙的优秀品质也有着非常公正的评价。因此，他的成功建基于能够获得最佳信息和从不停歇地努力工作。我们无须惊讶，他能取得史无前例的军事胜利是因为他遵循了系统性的战略，也就是他过去常说的"艺术规则"（rules of the art），而不仅仅是因为运气或幸运事件。

　　毫无疑问，拿破仑是近代最伟大的战略家。"战略"这个词虽然经常出现在报纸和日常谈话中，但在技术方面和真实含义方面却很少被人理解。事实上，它可以是非常简单的表述，可以简化为一个单词。战略实际上意味着一种路线，行动路线，也就是说能够引领一位将军取得决定性胜利，并迫使其对手投降的指导路线。在战役中，仅仅赢得战斗是远远不够的。凡是有名望的将

_____

　　① 卡尔大公，1771—1847，奥地利帝国皇子、元帅，军事理论家，是资产阶级军事科学早期的代表人物之一，被认为是奥地利乃至欧洲历史上最杰出的军事统帅之一。他于1790年进入军队，在战事频繁的18世纪末和19世纪初，作为奥地利的军事统帅而活跃于欧洲战场，成为使拿破仑一世首次受挫的抗法名将。

军，几乎没有哪个不是赢得大大小小各种战争的胜利。一个人能够成为将军不在于［56］获取了多少次战术性胜利，也不在于夺得了多少人员和武器。

只有快速果断的决定性行动才能造就伟大的将军。经过数年令人厌倦的战斗以及付出巨大的人力和财力的损失后才实现自己的意图，这样的军事领导人可以称作优秀的将军，但肯定不是伟大的战略家。例如，在"三十年战争"（Thirty Years' War）①中，双方聪明且有能力的将军不胜枚举，但只有一位伟大的将军即古斯塔夫二世（Gustavus Adolphus）。因为只有他知道在什么时候、什么地点进行战斗，只有他才能快速取得决定性的最终胜利。为了清楚地说明这一点，我们只需要将拿破仑1805年在多瑙河上游展开的战役，与几乎一百年前（1704年）在同一地区发生的由马尔波罗公爵（Marlborough）②和欧根亲王（Eugene）③联合指挥的布伦海姆战役进行比较就可以了。

马尔波罗公爵与拿破仑必须要解决的军事问题实际上完全相同。对马尔波罗公爵和欧根亲王来说，主要目的是将法国将军塔

---

① 三十年战争（1618—1648），又称宗教战争，是由神圣罗马帝国的内战演变而成的一场大规模的欧洲国家混战，也是历史上第一次全欧洲大战。战争以波希米亚人反抗哈布斯堡王朝统治为肇始，最后以哈布斯堡王朝战败并签订《威斯特伐利亚和约》而告结束。

② 第一代马尔波罗公爵约翰·丘吉尔，英国军事家、政治家。靠着他妻子詹宁斯与安妮女王的私密友谊，以及他个人卓越的军事、外交才能，他在1702年成为英国最有权力的男人。他在西班牙王位继承战争中名利双收，与战友欧根亲王共列为法国太阳王的两大克星，并使英国上升为一级的海陆强国，促成了18世纪的繁荣兴盛。

③ 欧根亲王，哈布斯堡王朝的伟大将领之一，神圣罗马帝国陆军元帅。他与英国的约翰·丘吉尔、法国的维拉尔元帅，并列为欧洲18世纪前期最优秀的天才将领。

拉尔德（Tallard）公爵与他的盟友德意志巴伐利亚公国选帝侯埃曼纽尔（Max Emanuel）分开。换句话说，就是要阻止法军与巴伐利亚军队会师。对拿破仑来说，他需要做的就是阻止奥地利将军麦克与其盟友俄罗斯将军库图佐夫（Kutusow）在乌尔姆附近会合。马尔波罗公爵和欧根亲王未能阻止其对手的联合，因此被迫进行了一场艰苦的战斗即布伦海姆战役。①在此役中，英国和奥地利虽然胜利，但均遭受重大伤亡、损失惨重。而拿破仑则安排了不同的纵队行进，在法国军队的真正路线上成功地迷惑了麦克将军。[57]经过几场无关紧要的交战后，除了少数例外，麦克的军队几乎无一例外被迫向拿破仑投降。

这些评论是从纯技术的角度出发的。从历史上来看，由于受到荷兰和德意志君王的牵制，马尔波罗公爵的地位远远低于拿破仑，根本不占据什么优势，这一点众所周知。正由于拿破仑是个伟大的战略家，他的战役直至今日还经常在所有的军事院校中得到研究。相反，即使在普鲁士或在德意志，除少数例外，弗里德里希的战役则从未成为军事院校精心研究的主题。

确实，拿破仑的战役都是典型的经典战役，支配这些战役的总的战略指导思想源自对一个国家的全面了解。因此，我们看到拿破仑在1796年从南部沿着所谓的滨海（Corniche），也就是从萨沃纳（Savona）到热那亚这条路线进入意大利，1800年再次从日内瓦湖和小圣伯纳德（Little St. Bernard）进入意大利。

---

① 布伦海姆战役是整场西班牙王位继承战争的转折点，哈布斯堡同盟通过这场决定性的胜利，确保了维也纳的安全，成功防止了联盟出现崩溃。法国和巴伐利亚方面，巴伐利亚不得不退出战争，法王路易十四速战速决的梦想也随之破灭。法军损失高达三万人，包括被英国人俘虏的总指挥塔拉尔元帅。

　　拿破仑的主导思想是把自己置于敌人和敌人的交通线之间，就是要时刻了解敌人的情况变化，掌握敌人的信息。此外，他总是会为了达到主要目的而牺牲小节。1809年，当再次被迫在多瑙河谷与奥地利开战时，拿破仑故意忽略英国正在准备进行的瓦尔赫伦岛远征（Walcheren expedition），也就是说此时有4万英国士兵正赶来袭击他在比利时的侧翼。因为他正确地做出判断：如果他成功击败奥地利，英国人将会毫无掩护，他根本就［58］不用去打击他们。另一方面，如果他不能成功击败奥地利，他的声望和他的军事地位将会彻底毁于一旦。

　　众所周知，拿破仑不断提倡教导集中原则，普法战争中的德意志的将领们大力模仿这一原则。在我们这个时代，出于非军事考虑，这一原则显得有点格格不入。作为统治者和军事统帅，拿破仑的优势在于不允许政治考虑影响其军事判断力。这一点是拿破仑军事天才中最重要的特征。这从他既不鼓励新武器的发明也不赞成采用任何新的机械发明这一事实中就可以明显看出。拿破仑士兵所用的步枪仍然是路易十六的老旧步枪，大炮也是如此。富尔顿的不朽发明最初是献给拿破仑的，但是并没有得到这位皇帝的青睐。[①] 拿破仑清楚地看到蒸汽轮船可能的价值，但正如我们现在所了解的，富尔顿的蒸汽轮船当时非常原始。

　　另一个更加显著的证据是，拿破仑一直认为，将超过敌人数倍的优势兵力运抵战场是他的职责。事实上，尽管一直坚信并且在军事通信中一再重申，一场战役如果按照"艺术规则"经过合理的准备就应该永远不会失败，但拿破仑也经常坚称战争具有不

---

　　① 1803年，美国发明家富尔顿向拿破仑建议法国用他刚发明的蒸汽机铁甲战船代替正在使用的木制舰船，但遭到拿破仑的拒绝。

确定性。他说，战争经常取决于对某些事件或错误的看法，特别是那些无法预见的特定事件。因此，他补充说，相信数量上的优势更加安全可靠。然而，当他在人数上处于劣势时，[59]特别是在1805年的奥斯特里茨（Austerlitz）战役①和1813年的德累斯顿（Dresden）战役中，他仍然多次击败了对手。

至于拿破仑的运气是不是成功的一个重要因素，我们当然不能否认。与所有伟大领袖一样，拿破仑拥有令人惊讶的好运。但是，我们不得不承认——特别是在认真研究他的信件后——他在1810年以前没有过度高估自己并仍在设法避免欧洲联盟反对自己。拿破仑取得的巨大成功主要取决于他精心准备时的谨慎和天才。

无论是英国还是其他任何国家，都不曾拥有一个能够与拿破仑相匹敌的政治家或将军。皮特（William Pitt）是英国历史上最年轻的首相。他的伟大之处在于擅长处理国内事务，但他于1806年1月去世。奥地利的政治家既不擅长国内事务也不擅长对外事务，而统治普鲁士的是一位漂亮但政治上无足轻重的王后和一位愚蠢且暴虐的国王。西班牙国王则由于王室的多次失败，地位日渐衰落。俄罗斯的沙皇是个虚荣自大的人，拥有鞑靼人的狡诈和虚假神秘主义者的多愁善感。无论如何，这些人都无法与拿破仑

① 奥斯特里茨战役（1805年12月2日），发生在第三次反法同盟战争期间，是拿破仑战争中的一场著名战役。7.5万人的法国军队在拿破仑的指挥下，在波西米亚的奥斯特里茨村（位于今捷克境内）取得了对8.7万人的俄罗斯—奥地利联军的决定性胜利。第三次反法同盟随之瓦解，并直接导致奥地利皇帝于次年被迫取消神圣罗马帝国皇帝的封号。因参战方为法兰西帝国皇帝拿破仑·波拿巴，俄罗斯帝国沙皇亚历山大一世，神圣罗马帝国皇帝弗朗茨二世，所以又称"三皇之战"，是世界战争中的一场著名战役。

的治国才能或军事天才相提并论。

普鲁士人称是普鲁士元帅布吕歇尔（Gebhard Leberecht von Blücher）导致了拿破仑的倒台，英国人则称是威灵顿（Wellington）公爵导致了拿破仑的倒台。与此类的故事一样，俄国沙皇亚历山大一世或奥地利政治家梅特涅（Klemens von Metternich）亲王愚弄欺骗拿破仑的故事也属于同一水平。

拿破仑仅仅被一个人欺骗并打败，这个人就是他自己。1810年后，拿破仑彻底膨胀，过度高估自己，不断地在任务的性质上自欺欺人。[60] 他是第一个指出这些任务不可能完成的人，诸如半岛战争（Peninsular War）[①]和俄法战争（the Russian War），[②]但最终，他把整个欧洲唤醒组成了一个联盟。也就是说，他努力促成了欧罗巴合众国的出现，这不仅仅在查理五世时代或路易十四时代不曾发生过，在整个历史上也不曾发生过。这导致其最终的结局就是圣赫勒拿。

1796年，拿破仑与约瑟芬（Joséphine de Beauharnais）结婚。当时约瑟芬三十三岁，是一个轻浮但非常迷人的寡妇。她对拿破

---

① 半岛战争（1808—1814）是拿破仑战争中主要的一场战役，地点发生在伊比利亚半岛，交战方分别是西班牙、葡萄牙、英国和拿破仑统治下的法国。这场战役被称作铁锤与铁砧战役（槌砧战术），"铁锤"代表的是数量为4万到8万的英—葡联军，指挥官是第一任威灵顿公爵，阿瑟·韦莱斯利。它同另一支"铁砧"力量，即西班牙军队和游击队，以及葡萄牙民兵相配合，痛击法国军队。战争从1808年由法国军队占领西班牙开始，至1814年第六次反法同盟打败拿破仑的军队结束。

② 俄法战争又称拿破仑征俄战争，是指俄罗斯帝国和拿破仑治下的法兰西第一帝国在1812年爆发的一场战争，是拿破仑战争的一部分。战争由拿破仑一世发动，法军入侵俄国国土。战争以拿破仑失败撤退，俄国战略上胜利而结束。战事从1812年6月底到11月底，共持续了5个月的时间。

仑毫不在意，甚至可能从来没有理解过拿破仑。但是这位年轻的将军却深深地爱恋着她，给了她最显赫的权力，直至1814年她去世。

作为督政官之一的巴拉斯（Paul Barras）是约瑟芬的老情人之一，他帮助拿破仑取得法国意大利方面军总司令的职位，从而发动了1796年那场令人难忘的战役。这场战役只是1796年法国计划发动的4次袭击中的一次，一方面是针对英国，另一方面是针对哈布斯堡王朝。

对英国的进攻通过爱尔兰从海上发起，对奥地利的进攻由两支相当大的军团实施。一支由儒尔当（Jourdan）伯爵率领在美因河（Main）流域展开，另一支由莫罗（Jean Victor Marie Moreau）将军率领在多瑙河流域展开。最后，拿破仑率领一支由三万至四万人组成的小型军队在伦巴第发起在当时被称作是牵制性的佯攻行动。米兰和其他意大利领土当时仍在奥地利手中。一开始，拿破仑的战役被视作卡诺（Lazare Nicolas Marguerite Carnot）①筹划的伟大进攻行动中最不重要的部分。事实上，督政官们［61］同意发动意大利战役，主要是希望夺取伦巴第的富裕城镇，抢夺这里的钱财和艺术品以及其他财富。然而，他们在1796年至1797年从海上对英国发动的所有进攻以及儒尔当和莫罗指挥的战役很快都失败了。

因此，法国进攻哈布斯堡王朝的全部重担都压在这位身在意大利的年轻英雄肩上。卡诺派出攻打英国和奥地利的所有将军

---

① 卡诺（1753—1823），法国数学家。他在法国大革命战争中获得伟大的名号——"组织胜利的人"，是极其优秀而成功的军备与后勤天才。在法国历史上，只有路易十四的军备天才卢福瓦侯爵才能与他并肩。拿破仑能够称霸欧洲有一多半都要归功于征兵制与卡诺的贡献。

中，只有拿破仑一个人取得了完全胜利。在不到一个月的时间里，他征服了伦巴第大区的西半部，又用几个月征服了剩下的一半及整个意大利中部。在不到一年的时间里，拿破仑穿过奥地利阿尔卑斯山，进入克恩顿州（Carinthia）、卡尼奥拉（Carniola）、施蒂尼亚公国（Styria），最后距胆战心惊的维也纳只有几英里。

自1796年4月开始，拿破仑在蒙特诺特（Montenotte）、代戈（Dego）、蒙多维（Mondovi）实施了一系列战役。经过这些战役，他成功地切断奥地利将军博利厄（Johann.Peter.de.Beaulieu）与撒丁军团指挥官科利（Michelangelo Alessandro Colli-Marchi）的联系。从1796年4月一直到为削弱所谓的四角防线（Quadrilateral）（由四个要塞即佩斯基耶拉、维罗纳、莱尼亚戈及曼图亚组成，这四个要塞均位于加尔达湖南边）而发动的伟大战役中，拿破仑与他的将军，特别是奥热罗（Charles Pierre François Augereau）和马塞纳（Andre Massena）一道，始终奉行"艺术规则"的真正原则，即集中原则，以及把军队部署在敌人的交通线上。

在罗纳图（Lonato）战役、卡斯奇里恩（Castiglione）战役、阿尔柯莱（Arcole）战役、里沃利（Rivoli）战役中，拿破仑取得了巨大成功，不仅分别击败元帅维尔姆泽（Dagobert Sigmund von Wurmser）和元帅阿尔文齐（József Alvinczi）率领的奥地利军队，还获得四个要塞中最好、最坚不可摧的要塞，即曼图亚（Mantua）。1797年2月，拿破仑快速行军［62］对付教宗的小型部队，并强迫教宗庇护六世在托伦蒂诺（Tolentino）与他签订和约。同样，他又快速行军穿过奥地利阿尔卑斯山来到莱奥本（Leoben）。所有这些从本质上来说仅仅是他在伦巴第伟大战役的附属品。

没有人比拿破仑本人更深刻地体会到伦巴第战役的意义。他知道，他不仅赢得了一系列辉煌的战斗，展现了其将军们卓越的才能，同时也完全明白了自己的想法。他对于功名与权力的渴望也是在此时出现的。他的同代人没有看到，只有他一个人非常清楚，那就是他将充当法国最终救世主的角色。拿破仑将成为现代版的克伦威尔，他了解他掌握的每张牌的价值所在，非常仔细地规划他的人生。

在坎波福尔米奥（Campo Formio），拿破仑加速与奥地利人签订和约，以便能够尽早返回巴黎，占据他早已决定夺取的位置。这就能够解释拿破仑为什么会在坎波福尔米奥给予奥地利令人惊异的宽厚条件。奥地利得到了包括达尔马提亚（Dalmatia）在内的威尼斯共和国的领土，由此在其历史上首次获得了亚得里亚海的直接出口。在此之前，它仅仅在比利时即当时的"奥属尼德兰"（Austrian Netherlands）有一个海上出口。为了使奥地利成为德意志的叛徒，拿破仑迅速调整了他的态度。法国获得了莱茵河以西的全部领土。拿破仑回到巴黎，被他欣喜若狂的同胞尊崇为英雄圣人，到此，关于拿破仑的宏大戏剧的第一幕在无与伦比的荣耀场景中完美收官。

第五讲　拿破仑（二）

[63]拿破仑取得的伟大胜利不仅为他赢得了法国人民的无限崇拜，同时也招来了督政官们的嫉妒。后者可能是制订那个奇怪的计划时最为强烈的动机。根据该计划，拿破仑将通过入侵埃及和叙利亚来摧毁英国的力量。作为"尼罗河的礼物"，古老的法老国家曾经并且一直在许多方面是政治和商业世界的中心，这一点长期以来为人们所了解并承认。17世纪70年代，伟大的哲学家莱布尼茨（Gottfried Wilhelm Leibniz）曾前往巴黎去游说法国国王路易十四征服埃及，而不是白白浪费力量去入侵德意志。莱布尼茨在回忆录中以伟大思想家的眼光详细阐述了占领埃及将给法国带来的巨大好处。这本回忆录为拿破仑所熟知，正如他所说，横穿亚洲、非洲和欧洲三大洲的两条对角线在埃及的中心相交。

出于战略和政治上的原因，拿破仑也持相同的观点。然而，不可否认的是，在拿破仑的亚洲计划中，很大程度上是一种神秘因素在起作用。他本人曾经说过，在埃及和叙利亚，辛努塞尔特（Sesostris）（希腊人称其为塞索斯特里斯）、亚历山大大帝、凯撒、法国十字军及其他许多英雄做出了种种伟业，当他一踏上这片历史悠久的土地，[64]他就觉得自己处于一种被催眠的状态。死后几个世纪里将要发生的事情，在他那被施了魔法似的脑子里不断地闪过，而这些幻象很可能由他来实现。过去的经验是如此正确，即人们在指责没有犯错的他人时使用的措辞，比指责那些令他们遭受苦难的人更加尖刻。拿破仑一直嘲笑那些他称之为"理想主义者"（idealogists）的人，而他本人恰恰正是那种被模糊理想催眠之人的最杰出代表（因为拿破仑早已"满脑子都是精神病患者的狂想"）。

　　无论如何，拿破仑决定开始远征埃及。1798年5月19日，他们从土伦港扬帆出发，巧妙避开在整个地中海地区追逐他们的英国海军上将纳尔逊（Horatio Nelson）及其舰队。6月10日，他们占领马耳他，并于1798年7月进入埃及。1798年8月1日，纳尔逊指挥的英国舰队终于与法国海军舰队相遇，并在阿布基尔海战中一举击败法国舰队。但这并没有影响拿破仑的计划。通过一次快速的运动战，拿破仑占领埃及东部地区，即从苏伊士到红海的库赛尔镇的整个尼罗河三角洲和除底比斯（即现在的卢克索）以外的尼罗河地区，随后立即着手组建埃及新政府和行政机构。德赛将军则通过组织巧妙和成功的战役将底比斯占领。他一针见血地指出，埃及完全依赖于尼罗河人为调节的洪水。在这个国家，行政机构或中央集权管理至关重要，因此共和制或分权制度是不切实际的。

　　为了彻底完成在埃及的伟业，拿破仑沿着古腓尼基海岸进入叙利亚。虽然被守卫在阿克要塞的西德尼（W. Sidney Smith）海军准将和［65］法国流亡者菲利波（Phelip peaux）击败，但拿破仑在塔波尔山（Tabor）击败了土耳其人。然而，一场瘟疫突然爆发，迫使他回到埃及。了解到法国处于无政府状态，督政官们完全没有能力让各党派恢复秩序，国内政局动荡不安，拿破仑决定返回巴黎，放弃他的埃及计划。

　　1799年，法国军队一开始非常不幸。列强，特别是大英帝国、俄罗斯帝国和奥地利帝国，企图趁法军猛将拿破仑的军队被困于埃及之际对付法国，入侵了法国领土。在北部，一支英俄联军进入荷兰，但在离阿尔克马尔（Alkmaar）不远的卑尔根（Bergen）被布鲁纳（Guillaume Brune）将军彻底击败。在中部地区，在瑞士查理大公（Archduke Charles）的领地，驻守着由法国将军马塞纳率领的部队。在意大利，苏沃洛夫（Suworow）元帅指挥的俄奥联军在伦巴第不断推进，打败了法国的几位将领，取得了一系列胜利。

1799年夏天，法国的情况极其危险。如果苏沃洛夫能够在瑞士与查理大公汇合，反法同盟的军队可能顺利攻入法国，毁掉法军在之前战役取得的胜利成果。但在可怕的苏黎世战役中，马塞纳击败在瑞士的俄奥联军。为了与在瑞士的盟军汇合，苏沃洛夫残酷地无视人的生命穿越圣哥达山口。在了解到苏黎世战役的结局后，他又突然改变主意，将瑞士完全交给法国人。然而，法国人不再拥有伦巴第，奥地利陆军元帅梅拉斯（Michael Von Melas）不仅实际上拥有伦巴第西部，[66]还试图入侵法国东南部。因此，在很大程度上，布鲁纳和马塞纳取得的胜利避免了这种危险，但危险并没有完全消除。

在这种情况下，五百人院议长、拿破仑的兄弟吕西安（Lucien Buonaparte）决定让拿破仑掌权。众所周知，当吕西安的阴谋真正实施的那一天（雾月18日），取得如此多场战役胜利的主角在那一天完全失去镇定，反复晕厥。当得知自己的士兵通过对议会使用武力使他实际上成为国家元首时，他甚至近乎癫狂。大家可能还记得前文中提到的，诸如拿破仑这类人物的天性既拥有极度的自我意识，同时又极其的天真幼稚，否则这些心智活动就显得没有任何人性的弱点了。这种情感的生理表现通常都是其心智活动的常规附属产品，如颤抖、昏厥、叫喊和抽泣。因此，当威尼斯的一位参议员恳求他不要废除旧的共和制时，拿破仑哭得像个孩子。被任命为第一执政的那天，拿破仑像个孩子一样颤抖着。

一旦掌权，他立即在意大利重新开始行动，以收复在1796年和1797年的胜利中获得的所有领土。就拿破仑而言，1800年的马伦哥战役是一场战略性胜利，但从战术上讲，这并不是一项辉煌的成就。众所周知，在亚历山大里亚附近的马伦哥战役中，法国军队遭到梅拉斯指挥的奥地利军队的沉重打击，但德赛的突然出现拯救了法国军队。当时由于拿破仑的错误判断，德赛被派往[67]热那亚这一错误方向。但一听到大炮的轰鸣声，德赛立刻果断采取新措施，及时赶来参加马伦哥的战斗并取得了胜利。不过，德赛却在这场战役中被子弹击中，当即阵亡。15年后的滑铁卢战役几乎重演了马伦哥战役的局面，但格鲁希（Emmanuel, marquis de Grouchy）元帅却没有德赛的洞察力，没能及时支援自己的皇帝。

从战术上讲，马伦哥战役的胜利是因为有德赛将军，正如滑铁卢的失败从战术上得归咎于格鲁希元帅一样。从战略上讲，拿破仑已经把自己置于梅拉斯的交通线上，有效地制造和利用了敌人在判断上的错误，因此在打响这场战斗之前就已经赢得胜利。其结果就是法国人收复伦巴第。在马伦哥战役后几个月，莫罗将军在霍恩林登（Hohenlinden）战役①中彻底打败约翰大公率领的奥地利多瑙集团军，迫使奥地利于1801年在吕内维尔与法国单独媾和。从1800年到1803年，拿破仑不仅是法国国家元首，由于

---

① ［译注］位于巴伐利亚慕尼黑城东32公里处。

几场决定性胜利，他还为法国取得了超越欧洲大陆所有其他强国的绝对优势。人们可以见到德意志各小邦的亲王们出现在拿破仑的前厅，希望得到他的支持和庇护。这种支持和庇护只有拿破仑才能提供，尽管从法律上来讲，这些亲王都处于神圣罗马帝国的统治之下。

塔列朗（Charles Maurice de Talleyrand-Périgord）是拿破仑伟大的外交大臣。他收受各方的贿赂和承诺，并安排重新绘制德意志的版图。为将德意志复杂多样的地盘削减成结构单一的地区，拿破仑总共采取了两大步骤。1803年，第一大步骤开始启动。这个过程就是打击教会势力，取消教会特权，将神圣的罗马天主教的贵族、主教、大主教等所拥有的广大领土世俗化。第二大步骤［68］发生在1805年和1806年，就是使帝国爵士、伯爵及其他较小君主的大量小型主权领土从直接附庸降到间接附庸的地位。这两个进程都是由拿破仑和他的代理人制定和执行的。

毫无疑问，正如拿破仑是第一个统一了几乎整个意大利国家（即意大利共和国、公国、王国和其他拥有更小主权的小领土）的人，他同样也最终成就了俾斯麦，使俾斯麦最终统一德意志。拿破仑第一次发动意大利战役时，德意志由近一千个小公国组成，而当拿破仑被送往圣赫勒拿岛时，整个德意志由40多个公国、王国组成。

因此，拿破仑具有重大历史意义的才能在意大利和德意志均得到了清晰的展现，对此他自己也是充分相信。从这个角度来看，令人遗憾的是，西班牙人对拿破仑这个人有着难以抑制的仇恨。在所有的统治者和政治家中，只有拿破仑才能够激发他们潜在的能量，使他们有机会恢复古代曾有过的伟大。

现在来看看法国，我们将发现，拿破仑的伟大才能，以及他为法国所做的持久而庞大的工作，在法国公共或私人生活的各个方面均有明显体现。事实上，拿破仑是近代法国的缔造者，是法国中央集权机构的创造者。毫无疑问，从国民公会的工作上就可以预见到，正是这个盖世无双的科西嘉人凭借其强大、富有条理的头脑对国民公会进行了充分的阐释并将之完全合法化。

拿破仑奠定了［69］延续至今的中央集权管理的法国国民教育体系。大学和学院的教学工作，各高中从事技术和学术研究的科学劳动分工，都是由他组织的。拿破仑创建组织法兰西银行（Banque de France），设立法国荣誉军团勋章（Légion d'honneur），最主要的是，他还编撰了法国的法律。

在此之前，法国的法律一直由一大堆难以管制的习惯法和王室法令组成，它们蔑视一切制度，并成为现实生活方方面面的障碍和累赘。如果人们认为拿破仑在参加他的《民法典》《刑法典》等伟大成果的编撰时，只是像查士丁尼（Justinian）大帝或弗里德里希大帝参与编撰带有他们名字的法典一样，那将是大错特错。在每次立法委员和法典编纂者的会议上，拿破仑几乎都给予支持和援助。法典的所有章节都直接体现了他强大的个性和对现实生活的深刻洞察力。拿破仑以其特有的睿智，经常对特隆歇（François Denis Tronchet）先生和其他帮助过他的法学家说：

> 你们只知道理论上的法律，我却知道真正的生活。我养活了成千上万的人。我不知道抽象的男人和女人，我知道实实在在的他们。我了解年轻人和老年人，健康的人和患病的人，寡妇和已婚妇女。我了解律师、医生、牧师和工匠。我想给我的国家制定一部法律，这部法律在各个方面都要反映出现实情况。

没有比这更真实的了。尽管拿破仑在1815年6月被剥夺一切权力，但近一个世纪里，德意志的许多邦国，如巴登大公国和莱茵省，更愿意把拿破仑的法典作为常识和正义的体现，虽然它们早已摆脱了拿破仑的统治。这种状况一直延续到德国1900年颁布新的［70］《德国民法典》（*German Civil Code*）。我们可以公正地说，在白人国家里，大多数人要么完全接受拿破仑法典，要么在研究这一伟大成果所包含的平等原则及对人际关系的真知灼见，并从中获得主要的灵感和指导原则。

不可否认，拿破仑对人性的看法有些机械化。在试图规范统治下的所有国家的关系时，他的手段有时似乎超越了温和的限度。但事实上，尽管政权频繁变动，法国仍然保留了拿破仑的所有制度——关于教会必须从属于国家的规定、教育体系、在民政管理方面采取的方法、对殖民制度的看法。更奇怪的是，欧洲大陆大多数国家都遵循了法国模式。除了在局部和次要方面略有不同，拿破仑缔造的政治机器现在几乎成了欧洲大陆每个国家的政治机器。拿破仑这项伟大而持久的工作经常被忽视，对此我们也不必感到惊奇。

一般来说，人们研究历史是为了研究它的戏剧性效果。他们宁愿沉浸于奥斯特里茨战役的戏剧性场景或拿破仑在莱比锡和滑铁卢的惨败，也不愿研究拿破仑所推行的伟大改革和新的政治生活。的确，拿破仑可能是最伟大的军事领袖，但人们也不能［71］忘记，拿破仑关于现代国家管理的思想早就被证明是唯一可行的政治制度。因此，伟大的百科全书派和其他思想家关于实用政治的理论，已经或多或少地让位于近代这位最卓越的天才军事家所提出的思想。

法国从1800年到1812年的繁荣前所未有。拿破仑于1802年成为法兰西共和国终身执政，于1804年在几乎一致同意的情况下成为法兰西第一帝国皇帝。他痛恨对人民征收过于沉重的赋税，因此要么通过发动新的战争，要么通过出售大片殖民地（如出售路易斯安那州）来获取资金。拿破仑对英国的商业敌意极大地增加了法国的工商业机会。从1800年到1805年，法国人认为，鉴于刚刚经历有史以来最可怕的革命且毫发无损，他们不仅战胜了所有的敌人，还成为所有被征服地区谨慎的组织者，同时获得了大多数被征服对手的极大同情。实际上，他们希望法国作为世界领导国家的地位永远不动摇。

法国人的思想，与英国和美国人所认为的完全相反，实际上是最冷静、最实事求是、最温和的。法国人完全不像美国人那样神经质，也不像英国人那样容易变卦。对于研究法国生活中那些法国人自己都不太重视的现象的人来说，这似乎显得有些自相矛盾。例如，他们会在议会中达成一些交易或和解，或是把声望授予一个大家根本不在乎的人。[72] 但法国人的灵魂深处有一种审慎的克制。因此这一切都很自然，正如拥有最严格的节俭习惯、最旺盛的精力和热爱劳动的人，同时拥有最平常且深思熟虑的性格。

这种说法能够很好地解释，为什么法兰西民族在1805年根本没有陶醉于，或过度热衷于拿破仑所取得的伟大胜利。法国人普遍认为，在法国以外实施任何新的征服都是多余的，法国的自然边界已经达到极限。事实上，即使是拿破仑于1805年12月2日在奥斯特里茨对俄奥联军取得的令人震惊的胜利，在法国巴黎也受到了相对的冷遇，哪怕奥斯特里茨战役所取得的胜利在未来许多年都足以与近代英国海军史上最伟大的胜利特拉法尔加（Trafalgar）海战（1805年10月21日）相抗衡。无论是普通人士还是诸如塔列朗之流的精明人士，甚至是拿破仑的妻子约瑟芬本人，都禁不住评论说，这个辉煌的胜利除了使情况更加复杂外几乎不能带来任何新的、有价值的结果。毫无疑问，奥斯特里茨战役为取得惊人的胜利提供了新机会，但无法保证提供法国人所希望的和平与荣耀。1802年，当英国都认为有必要与法国在亚眠缔结休战条约时，法国人理所当然地认为他们已经永远获得和平与荣耀。

法兰西民族的情感和愿望与皇帝政策之间的不一致，是拿破仑职业生涯中最不吉利的征兆。一方面，可以肯定的是，拿破仑由于滥用自己的才智才导致失败。另一方面，人们也不禁指出，[73] 如果法国人在1812年至1815年拿破仑遭遇困苦的岁月里热情而真诚地拥护他，就像一百多年前在1706年至1711年的可怕岁月里对待路易十四那样，那么，拿破仑甚至可能会凭借一些便利条件，战胜反对他的最强大联盟，即1814年的反法联盟。在德国，人们习惯于说拿破仑的垮台是由于布吕歇尔、比洛（Dietrich Heinrich von Bülow）、格奈森瑙（August Wihelm Anton Neithardt von Gneisenau）和其他普鲁士领导人造成的。在英国，几乎没有人（即使有也是很少的人）会质疑铁腕公爵（Iron Duke）导致了拿破仑的失败。在西班牙，每个诚实的爱国者都相信，帕拉福斯（José de Palafox）、卡斯塔尼奥斯（Francisco Javier Castanos）和其他伟大的西班牙英雄摧毁了拿破仑。在俄国，每个俄国人都认为，拿破仑的毁灭要完全归功于俄国的将军和那些大众英雄。

事实上，只有一个民族，即法兰西民族才拥有这一可疑的荣耀，是他们迫使最伟大的领袖、政治家和近代最伟大的军事家拿破仑不得不屈服。如果能够像本该做的那样坚决拥护他，法国人本可以避免此后降临到头上的可怕灾难。毫不夸张地说，这个民族在拿破仑大帝死去27年后还能够欣然接受他那位软弱、平庸、充满幻想的侄子，并承认他为法兰西统治者长达22年之久。按照常识，他们本应该不惜一切代价、尽一切努力保住伟大的拿破仑，因为他是唯一能够承诺并保证给他们带来权力、名誉和荣耀的人。

在其历史上，法国人曾两次以最不可原谅、最不可饶恕的方式来对待最伟大的人物和最伟大的光荣。凭借其独有的、无与伦比的人格魅力，[74]圣女贞德（Jeanne d'Arc）将法国从最不光彩的冷漠和麻木中唤醒，并在几个月内把法国中部的大部分地区从外国人手中夺了回来。这些外国人曾使法兰西民族遭受屈辱或恐怖长达15年左右。在抵挡英格兰和勃艮第人的攻势期间，圣女贞德在一场小规模的战斗中被勃艮第人包围俘虏，后来落入英国人手中。英国人把她关押在鲁昂的一座高塔中（1430）。

圣女贞德本可以轻易地被解救出来并再次成为法兰西民族的领袖。鉴于英国低落的士气、勃艮第摇摆不定的政策，凭借其勇气和卓越的领导能力，圣女贞德本来可以再次带领法国人民将英法百年战争剩下的二十多年（1430—1453）缩短为几个月的时间，即使在最坏的情况下也能将其缩短为一年。然而，法国主教和神职人员对法国这位最伟大女性施以残暴的行径。这换来的是法兰西民族在诺曼底、布列塔尼、普瓦图和圭亚那经历了长达22年的可怕战争，数千人伤亡，数百万财产被毁，整个国家遭到全面破坏。长期以来欧洲民众一直把圣女贞德当作圣者，尽管这还没有得到罗马天主教廷的批准。

毫不夸张地说，法国人对近代最伟大人物的忘恩负义和漠不关心，给他们造成的后果与极其可耻地忽视多雷米（Domrémy）圣女的后果一样可怕。正如我们在第一讲中看到的那样，美国人为了顾全自己的自负而过分夸大拉法耶特的优点。[75]像其他国家一样，法国也通过夸大英国和其他盟国的力量来掩饰自己的错误。拿破仑的垮台首先应归咎于他自己，这令人震惊但确实是事实。但在促成拿破仑垮台的所有国家中，法国无疑罪恶最大。目前，滑铁卢战役已过去将近一个世纪，这种历史性的忘恩负义的感觉正慢慢笼罩着整个法兰西民族。

在过去十年里，人们对拿破仑及其时代的兴趣有了惊人的恢复。关于这位伟大的征服者，似乎再多的书籍和文章法国人都看不够，每一本承诺会有真相（即使是细枝末节）披露的新书都会得到大家的疯抢和如饥似渴的阅读。据说，1848年2月，当最后想答应人民的要求时，路易·菲利普（Louis Philippe）①被告知"太迟了，陛下"（Trop tard, Sire）。现在，关于法国对拿破仑迟来的钦佩，大家可以同样公正地对法兰西民族说："先生们，已经太迟了。"（Messieurs, c'est trop tard.）

1805年、1806年、1807年的战役在完整性和完美性方面堪称经典。它们非常简单易懂，尽管其细节情况令人费解。1805年，拿破仑得知奥军和俄军在多瑙河谷向他发起进攻，他突然调动全部军队从法国北部越过莱茵河，向多瑙河上游发起猛攻。拿

---

①　路易·菲利普生于1773年。1789年法国大革命爆发，他参加支持革命政府的进步贵族团体，次年参加雅各宾派俱乐部和国民自卫军，曾参加瓦尔密和热马普等战役。1830年"七月革命"爆发，8月，路易·菲利普被推上王位。在位期间，他在右翼极端君主派和社会党人及其他共和党人之间采取中间路线，以巩固自己的权力。他镇压了1832年巴黎共和派起义、1831年和1834年两次里昂工人起义。1845年后，法国经济萧条，人民普遍不满。1848年"二月革命"爆发，路易·菲利普被迫退位，不久流亡英国，1850年去世。因路易·菲利普是奥尔良公爵，所以他做国王时期的君主立宪制王朝被称为奥尔良王朝；又因始于1830年"七月革命"，亦称"七月王朝"。路易·菲利普是这个王朝唯一一位君主。

破仑很显然当时正在布洛涅（Boulogne）的营地里密切关注着英国的一举一动。正如在另一讲中提到的，拿破仑的主要目的是阻止俄罗斯军队与奥地利军队汇合。为此，他精确地指导各个军团的行进，具体到最细微的细节，对强行军的每个小时都做出安排。[76]拿破仑从不怀疑麦克将军（当时正在乌尔姆）指挥的奥军预计到他会从黑森林出来，也就是他会对麦克将军发动正面攻击。尽管之前所有战役都清楚表明了他对侧翼行动的偏爱，并表明他总是急切地想把自己置于敌人的交通线上，但拿破仑还是正确地判断出麦克将军完全忽视了真正的战略要素。

早在俄罗斯将军库图佐夫与麦克将军会合之前，法国各军团已经迅速在迪林根（Dillingen）附近的多瑙河上游集结。拿破仑的元帅们同惊慌失措的麦克将军进行了几次战斗，粉碎了奥地利将军的突围行动，迫使他率领几乎全部乌尔姆守军向法军投降。就是在这时，掌握了皇帝伟大战略的法国士兵用这句名言概括了整个乌尔姆战役：

> 现在，这个小下士（指拿破仑）让我们靠自己的双腿而不是靠刺刀赢得了他的战役。

在取得此次标志性的胜利之后，拿破仑立刻穿过多瑙河流域向维也纳进发，并占领维也纳。俄奥联军转移到摩拉维亚（Moravia），想在那里引诱拿破仑，以便能够在距其基地数千英里之外用一场伟大的胜利将其打败。然而，拿破仑小心地确保了位于波希米亚的左翼安全及位于多瑙河的右翼安全。这样，即使在最糟糕的情况下，拿破仑也可以毫发无损地沿着自己的交通线返回。结果，拿破仑不仅没有被打败，反而在1805年12月2日取

得了可能是他战争史上最经典、最辉煌的胜利，击溃俄奥 [77]
联军。在这场战役中，由于兵力少于俄奥联军，拿破仑采取防御
态势。他等着俄奥联军主动发起进攻，以找出破绽并加以利用。
拿破仑将面对摩拉维亚东部的军队分成三个师，根据其构想，俄
奥联军本应该攻击他的左翼。但联军首先进攻的却是右翼，当从
远处看见联军正在向右翼推进时，拿破仑立即抓住联军这个重大
的战略失误，大喊："那支军队是我的！"

在整个战斗中，最重要的战术和战略思想是迫使俄奥联军继
续向南进入结冰的扎钱湖（Satzau），同时拿破仑的左翼从后方及
左翼对敌军进行包抄。这场战役的伤亡非常可怕，但是拿破仑却
取得了彻底的胜利。俄皇亚历山大一世非常懊丧，而奥皇弗朗茨
一世提出休战，法国与奥地利签署了《普雷斯堡和约》（*Treaty of
Pressburg*）。和约使奥地利丧失了大片领土，沦为一个三流国家。

现在，拿破仑领导下的法国掌握了欧洲大陆的控制权。他给
予德意志的一些小邦国更高的地位和更大的权力，提升它们的地
位以与奥地利相抗衡。他随即使巴伐利亚和萨克森成为王国，赐
予它们大量的教会土地和其他领土，将它们与自身的利益紧紧绑
在一起。这一措施与1805年德意志领土的重新分配（前面曾经
提及）一道彻底使得神圣罗马帝国四分五裂，1806年，奥地利皇
帝弗朗茨一世正式宣布取消"神圣罗马帝国皇帝"的封号，神圣
罗马帝国的历史宣告终结。[78] 因此，1805年战役的直接后果，
是神圣罗马帝国的灭亡和一个全新德意志的开始。这个全新的德
意志就是现代德国的前身。

接下来的伟大战役是发生在1806年10月针对普鲁士的战役。
自1795年初以来，普鲁士一直远离法国大革命和拿破仑所引发的
所有军事冲突，因此犯了欧洲任何大国都可能犯的最严重错误。

自文艺复兴以来，欧洲政策的基本原理是每个大国都必须反过来，积极关注欧洲的所有重大问题，诸如鼓吹和平和不干涉，鼓吹现实中的战争和革除神职等。

从其历史的发展来看，欧洲永远不可能成为一个和平的美国。1865年以来，美国公民能够在几乎与整个欧洲版图一样大的领土上保持和平，主要是凭靠欧洲根本不具备的特殊环境和缘由，即美国人民惊人的统一性和同质性。与之相反，欧洲国家和民族之间的分化很大，每个小国家都个性鲜明、特点突出，相互之间绝不妥协，无可调和。因此，富有银行家或千万富翁关于和平、不干涉及所有类似的理想梦想，都不可能适用于欧洲。

在欧洲历史上，每当一个国家出于某种动机 [79] 保持和平放弃军事侵略时，换句话说就是按照现代百万富翁慈善家的建议行事时，这个国家总会陷入悲剧，甚至是遭到毁灭。在近代历史上，多瑙河上的奥匈帝国就是一个鲜活的例子。自1866年以来，奥匈帝国一直小心翼翼地、极不明智地避免卷入与法国、英国、俄国等国家的战争。其结果是声望下降、实力削弱，而她在拿破仑时期遭遇最严重失败时都未曾有如此后果。

这种情况实际上适合威廉二世和威廉三世时期的普鲁士。从1795年4月至1806年10月近11年的时间里，由于保持和平和远离任何军事干涉，普鲁士从中享受到极大好处。在此期间，欧洲正因为一系列可怕的战役而紧张不安，这些战役遍布各地，从圣文森特角（Cape St. Vincent）海战到哥本哈根海战，从爱尔兰的克里郡到叙利亚的沙漠海岸。不过，在这些战争期间，法国人建立了一支最高级别的军队，培养出了最伟大的近代军事将领。法国人民普遍接受政治教育，在此之前，无论是法国自己还是其他民族，绝大多数人从未接受过这种政治教育。而在普鲁士，却是

军队腐朽，毫无战斗力，文官和武官也都腐败无能，人民道德
败坏。

1806年10月和11月，欧洲惊奇地目睹了普鲁士君主制的可
怕崩溃。1806年10月14日，法国在耶拿和奥尔斯泰特获得两次
胜利。[80]整个普鲁士君主国以及几乎所有的要塞（其中许多
要塞在法国骑兵营的劝说下纷纷不战自降）都落入法国人手中。
拿破仑在耶拿战役获胜几天之后进入柏林。这种崩溃被看作史无
前例的耻辱，正如人们所说，普鲁士民族不仅没有表现出一丝丝
抵抗法国的愿望或意图。事实上，由于普鲁士民众道德沦丧，他
们甚至积极地向法军致敬，在拿破仑进入柏林时向这位伟大的征
服者欢呼致意以示欢迎。根据西艾波特（Thiebault）有趣的回忆
录，我们了解到一些令人特别震惊的细节。普鲁士人完全无法理
解他们所面临灾难的严重性。

事实上，在那个没有铁路、没有电报等设施的时代，拿破
仑在短短几个星期就征服了奥地利、普鲁士及整个德意志。我
们不得不承认，从军事角度来看，拿破仑关于创立一个真正的
世界帝国的宏伟梦想并非无稽之谈。现在，通过研究拿破仑的
所有战争，我们了解到，拿破仑1813年以前在欧洲大陆遭到的
唯一严重而持久的抵抗，是陆地上来自西班牙和俄罗斯的抵抗
及海上来自英国的抵抗。正是陆地上最落后的列强与海上最先
进、最富有的国家，共同构筑了拿破仑实现征服世界梦想的唯
一障碍。

1807年，法军与俄军在波兰和普鲁士东北部展开激战。在
经历了拿破仑妄图在公文中掩饰的巨大困难之后，[81]战争最
后以来之不易的弗里德兰（Friedland）大捷（1807）告终。在此
次战役期间，拿破仑有充分的机会研究和组建波兰这个充满悲剧

色彩的国家。波兰人自身视拿破仑为他们的解放者，并希望通过拿破仑的力量来终结波兰被三次瓜分的命运。[①] 由于这三次瓜分，曾经非常强大的波兰立陶宛联邦遭到普鲁士、奥地利和沙皇俄国的分割，最后彻底灭亡。波兰人千方百计地帮助拿破仑，为他提供食物和士兵。波兰人还将一位迷人的女士即瓦莱夫斯卡（Walevska）伯爵夫人玛丽亚送到拿破仑手中，以此作为恢复波兰独立地位的工具。拿破仑非常迷恋玛丽亚，但并不会帮助波兰人实现他们的梦想。他只是建立了华沙大公国，并由萨克森国王兼任大公。与其西班牙政策相比，拿破仑的波兰政策是否犯的错误更大，目前还值得商榷。

毋庸置疑，如果能够帮助恢复波兰的独立，更加重视波兰这个国家的利益、激情和天赋，那么无论是在反对俄罗斯还是在反对德意志时，拿破仑都将拥有一个更加有用、更有效率的盟友，其重要程度远远胜过萨克森或巴伐利亚。很难说是什么动机促使拿破仑在德意志中西部建立一个所谓的莱茵邦联，而忽略在德意志东部和俄罗斯眼皮底下建立一个强大的波兰。与其人为地建造一个既没有任何历史根基 [82] 也没有任何国土根源的莱茵邦联，拿破仑本应该巩固有着强大根基的波兰，进而在欧洲东部拥有非常可靠的基地，就像他在欧洲西部有着法国这个可靠基地、在南部有着意大利这个可靠基地一样。

可惜，拿破仑并没有这样做。与此相反，在取得弗里德兰大捷后，拿破仑实际上是向亚历山大一世提出了分割世界的建议。尽管没有人比拿破仑更清楚沙皇亚历山大一世狡猾异常、不可信赖，他的多愁善感和消极颓废只不过是其虚伪、两面性、不可信

---

① 波兰分别于1772年、1793年和1795年遭到瓜分。

赖的性格的一种伪装。两位皇帝签署的《提尔西特和约》（Treaty of Tilsit）使拿破仑在接下来的四年里一直居于强国之首。当时已经崭露头角的梅特涅亲王直言不讳地告诉奥皇，拿破仑不可战胜，奥地利唯一的政策就是赢得拿破仑的支持而不是在战场上与他对抗。

另一方面，在普鲁士，已故威廉一世的母亲是一位美丽、多情、不懂政治的王后，她的冲动促成了1806年的战争。她目睹国家遭受了最深重的耻辱，这个国家的民众所剩无几。一个更清楚证明这一事实的例子就是，现在所有致力于恢复普鲁士的伟大人物都不是普鲁士人，包括教育系统、军队、市政组织和工业。其中最著名的是普鲁士首相施泰因男爵（Heinrich Friedrich Karl Reichsfreiherr vom und zum Stein）。除他之外，还有哈登贝格（Karl August Fürst von Hardenberg）、布吕歇尔、格奈森瑙、沙恩霍斯特（Gerhard Johan David von Scharnhorst）。他们都来自非普鲁士国家，普鲁士的复兴应归功于这些伟人的主动性及其卓越的工作能力。

［83］1808年，似乎是为了向全世界表明战败的欧洲就在自己脚下，拿破仑在埃尔福特召开会议。欧洲几乎所有的外国亲王、大公都齐聚一堂。法国著名悲剧演员塔尔马（François Joseph Talma）在王侯们面前表演，拿破仑许诺给他一个"国王的墓穴"。这是拿破仑一生最辉煌的顶点。

第六讲　拿破仑（三）

　　[84] 接下来我们将研究拿破仑的最后一段时期，即1810年到1815年这一时期。关于这段动荡不安的时代，我们有着丰富的资料来源。几乎每一位参与此阶段军事或政治事件的将军和政治家都给我们留下了回忆录、信件或手稿。在利用这些浩如烟海的材料方面，现代学者也是毫不迟疑，快速地采取行动。另一方面，这些资料也相互矛盾、彼此对立，在许多细节和一些重大的政治特征方面如此，更不用说那些涉及战役的重要特征方面。因此，我们仍然无法做出判断，迟迟不能对拿破仑盖棺定论。在近代，没有哪场斗争能够像1810年到1815年期间拿破仑指挥的战役和参加的外交谈判那样，强烈地刺激，不，应该是冒犯民族的虚荣心和骄傲情绪，还有君主们最深沉、最细腻的情感。

　　虚荣心，就像我们内心中的其他品质一样，可以有多种不同的表现形式。它可能会披着轻蔑的外衣不易被察觉，或者是在愤怒的呐喊中清晰可见。巧合的是，英国人的骄傲和虚荣，俄罗斯人及德意志人的骄傲和野心，很快都遭到现实的无情打击。他们竭尽全力试图打败一个人，却徒劳无功，[85] 这个人曾经给他们带来无穷无尽的伤害，15年来一直无视他们最神圣的传统和根深蒂固的自负。拿破仑从不掩饰他对英国军队的蔑视，他对德意志军队也不以为然。至于俄罗斯人那无可否认的体格和勇气，他也几乎没有一句溢美之辞。

不可否认，在1810年，所有的雄心壮志都因与哈布斯堡王朝的公主结婚而达到顶峰。拿破仑设想出最不可估量、最不合理且最荒谬的计划。这并不是对拿破仑的批评，作者本人也远没有这个权力。尽管我们必须承认，根据常识或正常的判断，拿破仑在1810年以后的计划对我们来说似乎是不可能执行的计划，但是，我们须臾不能忘记，在我们看来荒谬绝伦的计划，在拿破仑构思和执行时未必荒谬。

在科学界，那些提出领先他们所处时代若干年想法的伟大的思想家总被认为荒谬、疯狂或愚蠢。甚至有时候，一位伟大的思想家本人都会宣称某些科学尝试注定会以无望的失败告终，正如笛卡尔本人。然而，即使是在笛卡尔的例子中，我们也可以看到，并不鼓励进行任何有关创立微积分尝试的笛卡尔很快就被莱布尼茨和牛顿推翻。莱布尼茨和牛顿都独立地发明并建立了笛卡尔预言中的微积分。科学史上其他诸如此类的例子比比皆是。难道在政治领域不也是这样吗？拿破仑那些看似荒谬的想法，即他的东方计划，[86]征服欧洲后再征服整个亚洲的计划，难道不是那些普通人认为荒谬但在天才手中却能合法地得到执行的计划吗？因此，与其大肆谴责拿破仑在1810年至1815年期间的所有行动，我们最好是暂时搁置主观判断，尊重主要事实的陈述，把批评留给那些可能需要批评的部分。

现在来看非常明显，1810年到1812年，整个欧洲大陆或直接或间接地承认拿破仑的权力不可战胜。从梅特涅以来，任何严肃认真的政治家或将军都真切地坚信，拿破仑的军事霸权不可能被打破。1812年俄法战争中法国遭到灾难性的失败后，人们关于拿破仑战无不胜的普遍信念在逐步动摇。1813年，在莱比锡大会战的失利之后，关于拿破仑无敌的信仰已不复存在。1814年和1815年，这种信仰已经彻底逆转。这些是我们现在要考虑的主要事实和观点。

还有另外一点，我们不得不冒犯一个伟大国家的民族感情和传统感情，至少是这个国家大多数人的感情。我们的意思是，英国几乎一致认为是英国从拿破仑手中拯救了欧洲。通常，法国作家的著作中也持这一观点，但这种观点事实上并没有任何可能的依据。1793年至1815年期间，英法两国发生的所有重要战役中，英国人在陆上从来没有单枪匹马取得过一次决定性的胜利。只有在海上，1798年在尼罗河口的阿布基尔湾，1805年在特拉法尔加，英国人才取得［87］对法国和西班牙舰队的决定性胜利。什么也改变不了这些事实。

1793年至1795年，英国人企图把法国人从比利时赶出去，结果却以彻底的失败告终。在约克（York）公爵的领导下，英国军队仓促撤退。其他试图登陆法兰西土地的行为都受到了灾难性的打击，例如1799年阿柏克龙比（Ralph Abercrombie）率领的军队和1809年查塔姆伯爵率领的军队。1792年至1812年期间，英国人根本无法打击或剥夺法国人在欧洲大陆取得的任何一次胜利或征服。直到法国军队经过20年的连续战斗，在兵力、人员和士气上都有所减弱的情况下，同时在布吕歇尔将军指挥的普鲁士军队的大力协助下，才由威灵顿公爵在最后一场战斗中打败拿破仑，取得决定性的胜利。

以于威灵顿公爵在半岛战争中取得的胜利，人们极尽渲染和夸大，这在小国成功战胜大国的情况下是很自然的。被极力渲染和夸大，具有"广告"效应。苏格兰人直到今天都还在吹嘘他们赢得了班诺克本（Bannockburn）战役，① 却忽略哈利敦山

---

① 1314年6月24日，苏格兰国王罗伯特一世在班诺克本以少胜多，击溃了英王爱德华二世的讨伐大军。这场战役也是苏格兰赢得独立战争的标志，更象征着独特的中世纪苏格兰军事体系的建立完善。

（Halidon Hill）战役、①内维尔十字（Neville's Cross）之战②以及英格兰战胜苏格兰的众多其他战役。与苏格兰人一样，英国人也不断地重复、夸大威灵顿公爵在西班牙取得的成功，当时英军的人数远远少于法军。因此，在大多数英国公民看来，半岛战争英国人的胜利，而且只是英国人的胜利而已。

事实却截然相反。有人说西班牙是拿破仑的坟墓，如果是这样的话，那这个掘墓人就是西班牙人。威灵顿公爵在西班牙的活动范围不到该国面积的七分之一。事实上，在战争的前五年里，威灵顿的活动范围被限制在［88］北部的奥波尔图（Oporto）和巴利亚多利德（Valladolid），南部的里斯本至阿尔加维（Algarve），东部则在葡萄牙边境外一点点的地区内。在半岛其余6/7的地区，英勇的西班牙人民与人数多达20万甚至有时是30万的法兰西正规军们一直进行着激烈的斗争。

当时指挥这些正规军的是经验丰富、骁勇善战的法兰西元帅，如絮歇（Louis Gabriel Suchet）、拉纳（Jean Lannes）、苏尔特（Nicolas Soult）等人。西班牙人反对法国人的正规和不正规

---

①　哈利敦山战役是苏格兰反对英格兰控制的一次战斗。苏格兰为摆脱英格兰的控制，将英王扶植的巴利奥尔赶到英苏边境英格兰一侧。英王爱德华三世遂遣大军包围苏格兰的贝里克。1333年7月19日，两军在哈利敦山对阵，苏格兰军从山头一拥而下，陷入泥潭。当时，英军掌握了在250码距离内能射透最好铠甲的先进大弓，射手训练有素，射杀大批苏格兰士兵，苏格兰的圆阵被彻底粉碎。此后，苏格兰一分为二，福斯以北为苏格兰国王的摄政（国王被送往德国）控制，福斯以南再次为巴利奥尔控制。

②　内维尔十字之战是中世纪时英格兰王国与苏格兰王国之间的一场战役，具体发生在1346年10月17日，地点在英格兰北部达拉谟附近的内维尔十字。战役结果是英格兰王国地方军队以少胜多，战胜了苏格兰王国由国王亲自领兵的大部队。这一骄人战绩在之后数百年内仍为英格兰人引以为豪。

的战争持续不断，伴随而来的是大量的人员伤亡和城镇遭到大规模破坏。正如威灵顿公爵本人在1810年12月21日从卡尔塔舒（Cartaxo）发出的急件中所说，如果没有西班牙人民无与伦比的抵抗，他可能根本不会认真考虑把法国人赶出半岛的可能性。

在充分认识到威灵顿的谨慎和总体效率（由于他绝对不能容忍副手具有才能和创新性，这使得他的效率严重受损）以及1812年萨拉曼卡（Salamanca）会战胜利对士气的影响后，人们不禁明白，在1812年之前拿破仑的权力尚未被打破时，威灵顿公爵取得的所有胜利都只是战术性的胜利，根本不具备战略意义。因此，我们看到他1809年在奎斯塔（Gregorio Garcia de la Cuesta）的帮助下赢得了塔拉韦拉战役的胜利。但是，由于误判战略形势（即忽视苏尔特从其后背发动的攻击），威灵顿被迫将大量伤员和辎重遗留在战场上，再次撤回到葡萄牙。

1810年出现同样的情况，英军的进攻行动先是取得一些战术性胜利，但接着就撤回到葡萄牙。尽管英军取得一些战术性胜利，但马塞纳（Andre Massena）将军的到来迫使威灵顿公爵[89]不得不退回到托里什维德拉什（Torres Vedras）防线后方。1811年也是如此，尽管取得阿尔布埃拉（Albuera）战役胜利，但最辉煌的胜利属于贝雷斯佛德（William Karl Belsford）率领的英军。甚至在1812年也出现同样的情况，在萨拉曼卡会战获胜后，威灵顿公爵再次被迫撤回葡萄牙。在战役的头四年中也是如此，西班牙人民直接或间接给予他许多英勇的援助，在其他交战中拖住绝大多数的法国军队。然而，相比拿破仑在1796年4月至1797年1月的短短几个月内取得的快速且具有决定性意义的进展，威灵顿公爵并没有取得任何实质性的进展。

正如我们在前文所说，拿破仑在上述短短几个月内，不仅赢得了战术性胜利，还赢得了战略性胜利。在几乎没有得到意大利人民任何援助的情况下，拿破仑带着那支人数稀少的军队一路高歌挺进，直捣奥地利帝国心脏地带。1796年5月，拿破仑已经镇压了意大利人在帕维亚及随后在维罗的叛乱活动，因为法国的病患伤员在这些城市遭到意大利人的大屠杀。

只考虑半岛战役的主要特点，而屏蔽那些战术细节，我们可以将其简化如下（因为对这些战术细节，西班牙、法国和英国方面的报告相互矛盾，根本无法作为可靠的证据支撑）。威灵顿公爵的计划是从里斯本到萨拉曼卡、再到巴利亚多利德，穿过比利牛斯山脉，然后进入法国。大军沿着这条路线行进大约需要四到五周的时间。而最终结果是，这些活动花了六年的时间，威灵顿于1814年4月才抵达这条路线的另一头，即法国的图卢兹（Toulouse）。［90］1813年以前，也就是拿破仑的权力在莱比锡会战中被削弱之前——其时拿破仑已经将他的大部分精锐之师从西班牙召回——威灵顿公爵在这条路线并没有取得任何真正的进展。直到拿破仑的权力在1813年和1814年被第六次反法同盟即普鲁士、奥地利和俄国彻底击溃，威灵顿公爵才得以进入法国，但此时却得知拿破仑已经被迫退位。

与此同时，西班牙东南部和东北部的西班牙人一直在对法国军队进行着残酷的游击战，但是也没有取得任何实质性的军事进展。因此，说半岛战争是拿破仑的坟墓其实是夸大其词了。考虑到拿破仑强大的军事力量，应该把半岛战争看作一场地方叛乱，它确实牵制了拿破仑的部分战斗力，但是这既不会妨碍拿破仑主要的军事行动，也不会对他的作战计划产生致命影响。

事实上，正是在半岛战争进行到最激烈的时候，拿破仑实施了最大规模的军事行动，带领50多万士兵攻入俄罗斯的心脏地带。拿破仑本人对半岛战争更多的是感到恼火而不是愤怒。确实，到最后，他根本不会读将军们发给他的关于西班牙的战报。但总的来说，他坚决相信，在俄罗斯取得的决定性胜利将自动终结西班牙人进一步的蠢蠢欲动，正如1809年在瓦格拉姆（Wagram）取得的决定性胜利自动结束了蒂罗尔人（Tirolese）的狂热抵抗一样。因此，事实上，给拿破仑挖掘坟墓的［91］既不是威灵顿公爵，也不是西班牙人。

无论我们对半岛战争期间发生的事件还有什么新的了解，上述战略考虑永远不会改变。瑞典国王古斯塔夫曾率领自己那不到3万人的军队，在不到18个月的时间里，通过几场决定性的战役，征服了德意志。马尔波罗公爵在1704年以快速的行军和一场决定性的胜利拯救了德意志神圣帝国，使其免于被法国人、巴伐利亚人和匈牙利的马札尔人（Magyars）入侵。1757年11月5日至12月5日，弗里德里希大帝用一个月的时间就取得两场决定性的大捷，在罗斯巴赫（Rosbach）打败了法国和神圣罗马帝国军队，在洛伊滕（Leuthen）[1]击败了奥地利军队。无论我们是否考虑过上述战役，当认真思考拿破仑的所有战役时，无论是在意大利的战役还是在遥远的埃及和叙利亚的战役，更不用说他在奥地利或普鲁士的战役，我们都不能把半岛战争中的任何决定性行动归功于威灵顿公爵，或将他称作这场战争的伟大统帅，除非屈服于盲目的爱国主义。

另一个非常有趣的问题是西班牙人对拿破仑的态度。西班牙

---

① 洛伊滕会战是"七年战争"中普鲁士与奥地利在1757年12月5日的战役，以普军大胜结束。此战与罗斯巴赫会战被誉为弗里德里希大帝最辉煌的战绩之一。

人民为了西班牙国王进行着殊死战斗，但当时的西班牙国王是西班牙历史上最没有价值的庸人。他的儿子和当然的继承者——如果有可能的话，更加懦弱无能。单凭这一点就足以使任何试图了解西班牙人态度的史学家感到困惑。[92]但是，西班牙人民为之狂热战斗的西班牙王室是纯法国的波旁王朝的血统。拿破仑只是用一个法国人（他自己的兄弟约瑟夫·波拿巴）替换了另一个法国人（西班牙国王卡洛斯四世）。

考虑到这一点，人们完全不能理解这个国家的痛苦，这个国家在1805年还在和法国并肩作战，对抗他们共同的敌人——英国。似乎可以肯定的是，从历史上来看，西班牙人民的这种态度要么比他们1808年的漂亮举动更为重要，要么比他们自己的任何其他军事企图更为重要。1808年，卡斯塔尼奥斯（Francisco Javier Castaños）将军成功地在拜兰（Baylen）俘获杜邦（Pierre Dupont）率领的由2.4万名正规军组成的法国军队。这是整个半岛战争中最重大的军事成就，拜兰之战使拿破仑大军首遭败绩，震动了整个欧洲。

稍加考虑，我们不得不得出这样的结论：一个民族为了一个不值得的、残酷的、专制暴虐的皇室的利益，在一场绝望的战斗中牺牲生命、金钱和所有的世俗财产，这就注定了其命运。其他国家为自由而战，是为了摆脱多年来压迫他们的法国枷锁，西班牙民族则是在法国人还没有机会殖民之前就开始战斗。西班牙人在其神职人员的鼓动下进行作战。当错称为"解放战争"的战争于1814年结束时，西班牙人发现，他们只不过是在做对某些列强有利的事情，这些列强正是最仇视他们的利益且拿破仑想要除掉的国家。

在反对拿破仑提出的近代自由主义原则的荒谬斗争中，西班牙人浪费了全部的精神力量和物质力量，从而丧失了成为近代自由政府体系的所有能力及真正意愿。[93]换句话说，人们可以说，半岛战争确实挖了一个坟墓，但它不是拿破仑的坟墓，而是西班牙民族的坟墓。西班牙人曾经拥有最具谋略的政治家，但他们却没有意识到，在这场半岛战争中，他们只是以一种自杀的方式在帮助英国，正如威廉三世和安妮女王统治下的荷兰采取了帮助英国对抗法国的自杀式政策。荷兰由此沦落为一个五流国家，西班牙也一样。

大家都知道，不反对拿破仑符合西班牙的利益。西班牙本来可以通过采取与拿破仑友好这一更加明智的政策幸免于难，就像巴伐利亚，甚至萨克森，以及其他许多国家那样，即使在拿破仑垮台后也能幸免于难。然而，没有一个政治家能够看清西班牙局势的真正发展趋势。在激进的民主主义者和反动的神职人员之间，西班牙人民又重新陷入了教会和王室的古老奴役中。

拿破仑的心智能力达到了最高程度的完美平衡，这是常识的最高形式。或许拿破仑只能假定，最终各国都会按照常识行事，西班牙迟早会意识到，自己在英国别有意图的帮助下打一场旷日持久的战争是多么愚蠢。这种战争带给西班牙的是国土的满目疮痍和西班牙人民的臣服。然而，各个国家行事都是凭借着激情冲动而不是常识。尽管当时的情形是，如果西班牙继续与拿破仑进行不对等且惨烈的战斗，西属美洲殖民地，它利用母国的困境在1810年的公开起义中实际上已经崛起，就必然脱离西班牙而独立。[94]然而即使在这种情况下，西班牙也没有改变其荒唐政策。

相反，对英国人来说，恰恰是这种情况使得半岛战争更值得继续下去。英国一直希望解放拉丁美洲殖民地。因此，在那场战争中，西班牙人不仅为自己的公民自由掘开了坟墓，也为他们的殖民帝国掘开了坟墓。

我们认为，这就是半岛战争的真实情况。西班牙人现在开始意识到这一点，但为时已晚。具有讽刺意味的是，一个本来毫无价值的人西班牙首相戈多伊（Manuel de Godoy），以及那个可怜的国王本人，通过建议与法国结盟，事实上使西班牙的政策走上了正确的轨道，即使他们的初衷并不是如此高尚。另一种选择方案非常简单。难道拿破仑还能永远统治欧洲吗？既然不能，那么通过与法国结盟，或甚至通过承认法国的宗主权，西班牙就能赢得像法国在拿破仑统治下所享有的繁荣，并在拿破仑死后轻易地获得自己的政治独立。一个国家一定会比一个人活得长久。另一方面，拿破仑是否会像现在这样被打倒？如果是，西班牙就能按照自己的意愿选择自己的道路和政府。无论哪种情况，她本来都可以避免可怕的半岛战争，因为这场战争最终只为世界上最蒙昧的神职人员和英国的利益服务。

1808年秋天，拿破仑进入西班牙，并追赶在他之前的摩尔爵士（Sir John Moore）。在阿斯托加，他获悉英国和奥地利结成新的联盟反对自己，这使他大为吃惊。在得知这一消息时他非常愤怒，[95]这一点不是假装的。自1796年以来，拿破仑屡次打败奥地利，夺走奥地利太多的领土，并使奥地利深受其辱。他根本看不出奥地利对发动一场新战争有什么兴趣，也看不出奥地利确信能取得胜利的底气在哪里。他非常清楚，是英国在背后资助奥地利。

另一方面，他知道奥地利的财政状况非常糟糕，即使是英国所能做的也非常有限。事实上，奥地利主要的军事领导人卡尔大公强烈建议其兄弟弗朗茨一世皇帝不要发动新的战争，因为针对拿破仑训练有素且所向披靡的部队来说，奥地利完全是毫无准备。

　　弗朗茨一世皇帝一贯刚愎自用，固执、虚荣、自负。他一生最终的成功似乎就是为了验证所有那些夸大的观念，即思想的局限性决定了一个人的能力和思维的深度。拿破仑和弗朗茨一世皇帝是最具反差性的两个人物。他们年龄相当，却个性迥异。弗朗茨一世渺小、卑鄙、愚蠢，而拿破仑伟大、聪明、富有创造力。然而弗朗茨一世皇帝在其生命的最后20年是欧洲最强大的君主，拿破仑生命的最后6年则在大西洋上一块孤岛上度过。

　　拿破仑毫不犹豫地离开西班牙，带着要永远摧毁奥地利的坚定决心返回奥地利。法奥两国战争于1809年打响，战争由三个截然不同的部分组成：第一是在慕尼黑和雷根斯堡（Ratisbon）之间的多瑙河谷战役；[96] 第二是阿斯珀恩（Aspern）战役；第三是瓦格拉姆战役（Wagram）。在第一部分的战役中，卡尔大公首先击败法国将军，或者至少可以说，几乎挫败了他们的目的。然而，拿破仑及时出现，迅速而大胆地采取行动正是拿破仑在以前所有战役中屡试不爽的法宝，这次他又采取这一战略。他布兵于卡尔大公的交通线上，在埃克缪尔战役（Eckmühl）和雷根斯堡战役中重创卡尔大公，并迫使其通过波希米亚向下奥地利撤退。

　　第二部分的战役对拿破仑来说是灾难性的。正如我们现在所知道的，在阿斯珀恩战役中（持续了三天），奥军人数远远多于拿破仑的军队人数。尽管拿破仑的士兵们非常英勇，不怕牺牲，仍然没能占领阿斯珀恩，拿破仑不得不再次渡过多瑙河，将他的指挥部设在洛鲍岛上。在这场战斗中，拿破仑最好的朋友，也是最伟大的元帅之一拉纳，被一颗流弹击中而不幸身亡，拿破仑对此似乎悲痛欲绝。阿斯珀恩的消息对整个欧洲来说犹如晴天霹雳。战无不胜的皇帝第一次遭遇严重的挫折。所有的将军，他们每个人口袋里都有一个确保能打败拿破仑的万无一失的计划，现在这些将军都受到了更多的关注。

　　与此同时，英国派出4万人的军队远征荷兰的瓦尔赫伦岛，这样一来拿破仑的侧翼显然处于极度危险之中，拿破仑的地位似乎也岌岌可危。然而，几个星期之后，拿破仑在瓦格拉姆的辉煌胜利完全扭转了阿斯珀恩战役的颓势。他［97］凭着他的远见卓识为此次战斗做好了准备。在战斗开始后不到两个小时，他就宣布这场战斗他实际已经取得胜利。由于感到疲倦，在1200多门大炮和15万支步枪的轰鸣声中，他躺在地毯上睡了一会儿。由于拿破仑赢得这场战斗，卡尔大公被迫撤退，奥地利被迫接受《申布伦和约》^①中非常苛刻的条件。根据该条约，奥地利的领土和人口大大减少，从而使得奥地利与1806年的普鲁士一样，沦为二流国家。

　　与以往相比，拿破仑在欧洲大陆其他地区的统治地位变得更加巩固。众所周知，由于遭到疾病的袭击，瓦尔赫伦远征军很快就陷入灾难之中，完全失去了它的意义。

　　根据1809年奥地利外交所揭示的事实或1806年普鲁士政策所揭示的事实，我们不分青红皂白地谴责拿破仑视人命如草芥，一心只为满足自己无休无止的野心。但通过研究1809年奥法战争，奥地利和英国的举动，以及一些小国的行为，我们不得不得出这样一个结论：这种指责不成立。

　　事情的真相是，欧洲的君主们都冥顽不化，对新领土贪婪无度，毫不顾及其国民遭受的苦难，甚至完全麻木不仁。这点类似

---

　　① 《申布伦和约》（1809），又称《维也纳和约》，奥法战争结束后法国同奥地利缔结的和约。1809年10月14日订于维也纳申布伦宫，和约宣布法奥之间实现"和平友好"。该和约被1814年《维也纳决议》废除。

于拿破仑的所作所为。虽然应承认拿破仑的野心超出了合理的范围，我们也不能不注意到，他空前的天赋和才能使得他的理想和雄心远远超出神圣罗马帝国末代皇帝弗朗茨二世（Francis II）^①或普鲁士王国［98］国王威廉三世的理想和雄心。

　　如果拿破仑在1808年和1809年的行为应该受到谴责，那么英国和奥地利的行为无疑更应该受到谴责。英国对拿破仑充满了嫉妒和仇恨，因为多年来，尽管已使出全部力气，英国始终无法打败拿破仑。为了满足私欲，英国煽动西班牙在一场无望的、徒劳的、毫无目的的对抗拿破仑的战争中流血牺牲。同样，奥地利皇帝在1809年不顾国内最好军事专家的判断，贸然发动战争，使得英勇的蒂罗尔人和帝国内其他众多民族在战争中流血牺牲。但奥地利皇帝发动这场战争时，并不真心指望能够对1805年遭受的损失进行赔偿。

　　现在，一位新人即梅特涅亲王成了奥地利帝国的首相。他是欧洲历史上最奇怪，最有趣，也是在很长一段时间里最重要的历史人物之一。在其一生中，梅特涅的力量非常有趣、非常重要。但是，就像一个没有生育能力的美人，他的力量没有留下任何遗产，他早已不再被认为是一个伟大的历史人物。

　　梅特涅就像一位伟大的演员，凭着直觉，认为后世不会给他献上花环。他的巅峰时期和胜利取决于他生命中昙花一现的境遇。梅特涅的虚荣心胜过天赋；外交手腕灵活；他能根据私人关系和广博的知识了解他所处时代的人物和背后的原因；他有魅

---

　　① 弗朗茨二世（1768年2月12日—1835年3月2日），神圣罗马帝国的末代皇帝（1792年7月5日至1806年8月6日在位），奥地利帝国的第一位皇帝（1804年8月11日至1835年3月2日在位，称弗朗茨一世）。

力，非常迷人，善于教育引导他人。

1809年，梅特涅劝说奥皇弗朗茨二世保持与拿破仑的友谊，这本是奥皇在1802年后就应该维持的关系。[99]拿破仑和弗朗茨二世的女儿路易莎公主（Marie Louise）之间的婚姻主要是梅特涅所促成的。

人们不得不说，这是一个非常奇怪的巧合，即西印度群岛为法国王室提供了两位最迷人、最重要的王室配偶。曼特农夫人（Madame de Maintenon）（法国国王路易十四的第二个妻子）在西印度群岛度过了她作为妙龄女子时最美好的时光，拿破仑的第一任妻子约瑟芬祖上也是西印度群岛人。另一方面，自从安托瓦内特和路易十六灾难性的婚姻以来，事实上自从1756年考尼茨说服路易十五与奥地利结盟以来，奥地利给法国带来的只有灾难。像所有南方人一样，拿破仑非常迷信，坚信预兆、恶魔和运气的概念。他一直认为约瑟芬能够带给他好运，是他的吉祥物。令人奇怪的是，在他和约瑟芬离婚几年后，好运就完全离他而去。

同样真实的是，另一位哈布斯堡王朝的公主进入法国王室给拿破仑带来的只有耻辱和灾难。路易莎是她那个时代最轻浮、最贪图享受、道德上最软弱的女性。1814年，当拿破仑作为欧洲的俘虏被囚禁在厄尔巴岛时，虽然已是拿破仑儿子的母亲，路易莎却放纵自己，使自己沉溺于一个独眼、干瘪且衰弱的酒色之徒，完全忘记自己的出身和责任。

梅特涅本人也是一个相信幸运和不幸的人。我们有理由假设，他努力促成就拿破仑与路易莎的婚姻进行谈判，就是因为他持有某种神秘的信念，[100]即让拿破仑与奥地利皇室联姻会对拿破仑造成灾难。现在大家都知道，在全球所有的统治王朝中，奥地利皇室是我们这个时代遭受过最多灾难的皇室家族。其灾难程度最令人震惊，正如在18世纪，哈布斯堡王朝带给波旁王朝和拿破仑的只有厄运。

在得知儿子出生的消息时，拿破仑似乎正处于荣耀和幸福的巅峰。既然王朝后继有人，他似乎觉得没有什么能够阻挡他的雄心和梦想。正如我们之前所说，正是在这里，那些认真研究历史的人必须停顿和犹豫很长时间，然后才敢对一个历史人物作出判断。就像宗教的伟大创始人一样，这个历史人物如此独特、如此复杂，以至于我们实际上根本无法理解他。

众所周知，在日常生活中，如果一个人超越常人，那么他经常会受到曲解和误会，这再正常不过。就拿破仑而言，其才华和能力超越常人，达到史无前例的高度。这种情况的结果必然是，人们不大可能对他做出公正的评判。在儿子出生后，拿破仑似乎就下定决心要征服俄国，开始实现他的东方计划。

正如他自己所说，他的所有行为都是由某种内心的声音或天命所驱使，这与苏格拉底把自己的思想和他大多数行为的动机归于"神谕"或者说是"超自然的灵性"如出一辙。柏林的一位古代历史教授在阐述苏格拉底的生平时宣称，[101]苏格拉底的"神谕"只不过是某种习惯，正如有些人在摇摆不定、犹豫不决时通过数外套上的纽扣来决定肯定或否定的答案一样。这位历史教授如此说是相当保守的了。如果随着时间的推移，迈耶（Edward Meyer）教授来到了拿破仑的时代，那么毫无疑问，我们将会知道，拿破仑内心的声音（更不用说圣女贞德内心的声音）不过就像是男孩子们为了一块蛋糕而玩的掷骰子游戏罢了。

我们可以认为，在历史的长河中，特别是在学者身上都布满灰尘的图书馆之外的那部分历史中，存在着上面那种声音。这声音在诸如哥伦布、黎塞留、拿破仑、俾斯麦这样的男性或圣女贞德这样的女性的内心响起，成为一种内在的召唤。这种声音包含着一种绝对的、不可抗拒的信念，那就是他们将为人类做一些伟大的事情。随之他们遵循内心召唤并付诸行动。他们无法分析这些声音，无法科学地阐述它们，也无法对它们作出任何合理的解释——他们所知道的是，这些声音就在那里，它们能够激发、提示、敦促、强迫他们去做最终他们确实做到了的事情。它是一种使命感，是一种天职，我们现在可以称之为将法国大革命的思想和原则传播到整个欧洲的使命，如法律面前人人平等、废除封建政权、废除种姓制度等。可能正是这种使命感，促使拿破仑不由自主地发动了攻打俄国的战争。

根据严格的军事原则，拿破仑自己比其他任何人更谴责这场战争。让我们从军事角度来考虑主要事实。拿破仑知道，攻打俄国违反了所有的战略原则。有关这些战略原则，他曾在无数的战报［102］和谈话中反复向他的将军们灌输，一直要求他们遵守，还经常会因为将军们忽略了这些原则而严厉地惩罚他们。这些原则就是集中兵力、靠近基地、把自己部署在敌人的交通线上迫使敌军投降（事实上这条原则在俄国不可能实现）。拿破仑在1812年的俄法战争中都有意识地违背了这些原则。

如果我们现在考虑这个问题的政治和经济方面，会得出同样的结论。直白地说，当时的俄国并不值得拥有，它无法养活拿破仑庞大的军队部署，它没有拿破仑1796年和1797年在伦巴第发现的宝藏，在工业、商业甚至农业方面都没有任何优势。即使在今天，俄罗斯的经济也非常落后，要使它成为像拿破仑时代的意大利或德意志那样令人垂涎的猎物，还得需要数代人的努力。

如果我们最后来想一想拿破仑的东方计划，就会发现，鉴于俄国当时的情况，征服俄国几乎不会有任何益处。当时的俄国还没有扩展到高加索地区，即使打败亚历山大一世，拿破仑在小亚细亚和高加索地区也不会有立足之地。如果拿破仑在1812年不去攻打亚历山大一世，而是试图摧毁土耳其帝国，他可能已经取得了一些实质性的进展，因为当时英国舰队已经越来越多地参与到美洲的事务中。长期以来，土耳其帝国毁灭的画面一直在他脑海中萦绕。[103] 1809年，他向当时在土耳其附近的伊利里亚省总督马尔蒙元帅（Auguste Frederic Louis Viesse de Marmont）发出的指示，显然就是为了发动一场针对土耳其的战争。

所有这些和其他一些次要的考虑都符合拿破仑的本性，正是这些考虑使得俄法战争成为一场多余的、毫无用处且枯燥无趣的事情。拿破仑已经了解到，即使是奥地利，在他手中屡遭挫败后，仍能在1805年和1809年找到方法组成第三次和第四次反法同盟反抗他。他怎么能理所当然地认为，一个被打败的俄国不会仿效奥地利，不会三番五次地试图摆脱法国皇帝的统治枷锁呢？

当拿破仑带着他的庞大军队来到加夫诺（Kowno）后，这些和其他类似的争论意见摆在了拿破仑面前，拿破仑似乎被这些意见说动了，因为他曾告诉参谋长贝尔蒂埃（Louis Alexandre Berthier），他将放弃这场战争，向西返回。整个军队欢欣鼓舞。第二天，大家得到的命令却是向东进军俄罗斯。当贝尔蒂埃询问皇帝是什么原因促使他突然改变昨天的决定时，皇帝梦幻般地望着天空说："我不知道。"于是，这支在当时是欧洲最强大的军队，继续向着俄罗斯的大草原进发。

拿破仑的左翼由麦克唐纳（Etienne-Jacques-Joseph-Alexandre MacDonald）元帅指挥，右翼由施瓦岑贝格亲王（Prince Charles Philip of Schwarzenberg）指挥，中路由拿破仑亲自带领指挥。战争初期，俄军就开始进行巧妙撤退。在发生的所有小规模交战中，法国人都取得了胜利。但在博罗季诺（Borodino）战役中，俄军在库图佐夫的领导下进行最为顽强的［104］抵抗，与法军进行了殊死搏斗。战斗从1812年9月7日凌晨5点一直持续到深夜。库图佐夫在自己的营地过夜，第二天才撤退。换句话说，拿破仑在那场著名的博罗季诺战役中的胜利只是技术层面的，而非战略层面的。他没能消灭俄国军队，俄皇亚历山大一世没有被迫向他投降。

拿破仑进入了莫斯科。看到这座对所有斯拉夫人和许多东方人来说都极其神圣的城市，即使是拿破仑最年长的老兵似乎都欣喜若狂。在俄罗斯和东北亚地区，莫斯科被视作可以与亚洲西南部的麦加城相提并论的圣城。拿破仑在莫斯科待了几个星期，等待亚历山大一世的投降，但亚历山大一世没有来投降。绝望的俄国人放火烧了莫斯科，拿破仑被迫撤退，接踵而来的是可怕的灾难。

这是近代最大的灾难，法军受到俄军哥萨克骑兵的不断袭扰、由于饥寒交迫每天都有数以千计的士兵死亡。因此，发生在别列津纳河（Berezina）①上的那场著名惨祸或灾难只是众多灾难中的一个缩影。当拿破仑的大军到达俄罗斯西部边界时，只剩下区区几千人。整个欧洲都因恐怖而震颤。在这场可怕的灾难中，大多数人见识到上帝的指责。他惩罚了一个野心勃勃的巨人，拿破仑的许多朋友开始对他感到绝望。

---

① 别列津纳河战役是指拿破仑的军队1812年从莫斯科撤退到斯摩棱斯克后，在抢渡别列津纳河时，被俄军从三路发动袭击的战役。法军大损后才渡过了别列津纳河，这是拿破仑入侵俄国期间法军遭遇惨败的一次战役。

第七讲　拿破仑（四）

[105] 欧洲的君主们一得知发生在俄国的大灾难，就马上准备组成一个新联盟来对付拿破仑，以便最终推翻他。如果人们读了这些君主们的宣言，就会不由自主地认为他们唯一的意图是维护欧洲的普遍福祉。他们说，法国皇帝的无限野心严重危及了欧洲的整体福祉。然而，与所有的政治宣言一样，君主们的宣言总体来说不过是掩饰他们真实意图的托词，此次宣言是为了掩盖一个事实，以误导欧洲国民的思维。在拿破仑垮台几个月后，这一事实对欧洲最迟钝的公民们来说都显而易见。

但在1813年、1814年和1815年，无论是热情满怀的诗人还是学识渊博的教授们都无法预见这一事实。这个事实就是，欧洲的君主们实际上只是想把整个欧洲置于一种束缚之下，这种束缚更令人反感、对欧洲更高利益的伤害更大，它比拿破仑曾经设想要做的事情更加反动。现在大家都知道，拿破仑垮台后的三十五年里，整个欧洲都处于一种最保守最反动的体制之下。人民但凡表现出希望建立 [106] 某种更自由的制度或者随意讨论自由改革等最轻微的倾向，都会遭到政府的无情压制和冷酷扼杀。而这些政府曾在1813、1814和1815年打着欧洲自由的旗号率领数百万欧洲民众反对拿破仑。

残酷的事实是，在1813年，欧洲的君主们害怕自己臣民身上表现出来的新精神更甚于害怕拿破仑。1813年的反法同盟实际上是针对那些看在拿破仑的桎梏中"解放"出来的广大人民的。欧洲君主们知道，法国大革命所创造的新精神与他们所有人的个人利益直接对立。正如法国再也不可能成为旧国王统治下的法国一样，在普鲁士、德意志、奥地利，专制国王的时代也注定要结束，除非君主们采取极端措施，成功地扭转历史的潮流。

仅凭这一点就足够解释，为什么在1813年欧洲能够实现以前从未实现的目标，即所有君主国家全部联合起来反对一个强国。在欧洲历史上的不同时期，也曾出现过非常强大的统治者，其勃勃野心威胁着大多数其他君主国家。查理五世和路易十四就是这样，于是其他君主国家也结成了强大的联盟来反对他们。但是这些联盟从来都不是完整的，查理五世和路易十四能够轻易地设法拉拢自己的盟友，从而瓦解和分裂那些联盟。正是在1813年，且仅此一年，除法国之外的欧洲几乎所有基督教国家都团结起来，[107]组成庞大的联盟来反对拿破仑。除了小小的萨克森之外，欧洲的每个统治者都加入了普鲁士王国、俄罗斯帝国、奥地利帝国、大英帝国、瑞典王国组成的同盟，共同反对拿破仑。

如果我们停下来想一想欧洲最基本和最显著的特征，那就是它那不可调和的差异性（即使是现在，也有40多个君主制国家和不同的邦国）。如果人们想一想，就能知道欧洲各国的国家利益通常是也必然永远是相互冲突的，正如它们一直证明的那样，彼此截然对立。因此，正如在美国不可能建立世袭君主制一样，建立一个欧洲合众国也是不可能的。人们不得不对这样一个事实感到惊讶：在欧洲历史上，列强们第一次忘掉他们相互冲突的利益，忽视他们之间不可调和的分歧，为了共同的目标而团结成巨大的联盟，旨在实现一个伟大的历史壮举。

这无疑给拿破仑的伟大增添了无与伦比的光彩。很明显，只有拿破仑这样的伟人才能使欧洲各国的君主感到恐怖，以至于团结起来成为联盟。在拿破仑之前，没有任何事件、没有任何人有如此大的能量迫使他们结成联盟。

正如前一章所说，正是由于拿破仑的过于自负，法国人剥夺了他的法国王位，欧洲的联合力量剥夺了他在法国之外国家的优势和权力。假如拿破仑在1810年以后有所节制，毫无疑问，即使放弃了对莱茵河以东的征服，拿破仑也一定会在法国皇帝的帝位上终老其生。[108]假如法国人民能像对待路易十四那样忠心耿耿地拥护他，拿破仑本可以作为一个衰落法国的皇帝死去，但仍然是法国君主。欧洲君主国家的联合剥夺了他在法国以外的帝国，并最终通过法国人的抛弃使他陷入了最终的困境。

我们在研究1813年的反法联盟时不能忽视一个情况：即使在那个时候，许多联合起来反对拿破仑的君主国的利益，也可以通过与伟大的法国皇帝结盟而得到更好的发展。即使奥地利也有更充分的理由站在拿破仑这边，而不是加入强大的反拿破仑联盟。拿破仑自己也知道这一点，并且他可能从来没有彻底相信会有一个反对他的大联盟。奥地利确实受到了拿破仑的威胁，但拿破仑毕竟是一个人，他的统治是有限的。对奥地利存有永久敌意的不是法国的统治者，而是普鲁士的统治者。如果奥地利在1813年能遵循她真正的政治利益而行，她本可以在拿破仑的帮助下，在德意志获得比现在大得多的优势地位，或者在她自己的世袭行省中拥有更巩固的地位。她从拿破仑的垮台中几乎得不到什么好处。

但梅特涅亲王受到一种激情支配，这种激情就是虚荣心。他认为，在1813年的情形下，只要他梅特涅支持普鲁士和俄罗斯的利益，他就可以轻易地获得外交上击败拿破仑的荣耀。显然，与拿破仑结盟更符合奥地利的利益，外交谈判中的决定性[109]

作用自然落在梅特涅身上。但是，梅特涅追求的并不是奥地利的真正利益（因为奥地利只不过是他移居的国家而已），受他自身无穷虚荣心的驱使，他与普鲁士和俄罗斯沆瀣一气，并声称是他在外交上导致了拿破仑的垮台。

俄国沙皇采取了更好的政策。他也是出于对拿破仑报仇的欲望，希望能像拿破仑当年进入他的首都一样，打败拿破仑而胜利地进入拿破仑的首都。但在这种疯狂而盲目的复仇欲望之下，亚历山大一世那诡诈而狡猾的计划与俄国的真正利益完美地和谐一致。梅特涅固然比较聪明、善于谈判，是狡诈的外交家，但亚历山大一世更老奸巨猾、更加圆滑。对亚历山大一世来说，谋划进入巴黎并彻底击败拿破仑，不仅是为了报复拿破仑对俄罗斯发动战争和拿破仑屡屡战胜俄军，更主要的目的是扮演法国的救世主的角色，把法国大部分国民都置于俄国沙皇的统治之下，恢复法国在欧洲的大国地位，从而在欧洲复杂的政治游戏中获得额外的强大筹码。更具体地说，沙皇想要确保与法国的同盟关系，以便自由地参与他的东方计划。他非常清楚，英国和奥地利才是他的天然对手。

因此，沙皇在1813年和1814年发动战役是基于他本身的情感和合理的政策原则。与此相反，梅特涅的谈判和整个政策是基于［110］他个人的虚荣心，没有过去的历史基础，因此无法为未来奠定坚实的基础。

普鲁士在1813年采取的政策是各君主国中最坚定、最一致的政策。自1806年遭拿破仑大军击溃以来，普鲁士一直在考虑（或者更确切地说，是引进来的外国政治家在为普鲁士考虑）恢复整个君主制，并弥补1806年空前崩溃给她带来的声望上和权力方面的巨大损失。因此，普鲁士决心加入反对拿破仑的联盟，全身心地投入新的斗争，去反对那个使她蒙受奇耻大辱的男人。在这场斗争中，普鲁士可能会失去一切，然后从历史上被彻底抹去；或者她可能获得新生，借此在欧洲占据一席之地。因此，对普鲁士来说，这是一场生死攸关的斗争。

仅凭这个原因，奥地利本就不应该加入反对拿破仑的联盟。普鲁士和奥地利之间的敌意是历史的和天然的，他们无论如何都不应该帮助普鲁士，这是奥地利政治家的使命所在。然而，奥地利皇帝目光短浅，无法看到政治的正确方向，而梅特涅的虚荣心太强。所以普鲁士的政策非但没有遭到奥地利的反对，反而得到了各方面的支持。在1813年至1815年期间，普鲁士真正奠定了其目前强国的基础，而奥地利却被拿破仑彻底打败。

尽管英国承诺将帮助其盟国，并以金钱的形式向盟国提供补贴，但它一方面参与 [111] 西班牙事务，一方面又参与美国事务。自1812年以来，英国与美国一直处于战争状态，这主要是由于拿破仑采取了巧妙的策略。因此，在1813年和1814年那些彻底摧毁拿破仑军事力量的大型战役中，除了在西班牙和法国的巴斯克地区之外，英国人并没有参与。

在简要描述1813年和1814年的那些战役之前，有必要考虑一下这些外交上的考量。在这两年的战役中，拿破仑的军事天才得到了淋漓尽致的发挥。但也是在这两年的战役中，他最终还是败下阵来，因为他的对手人数众多，他的下属背信弃义，尤其是苏瓦松（Soissons）指挥官的背叛。如果说1813年的反法同盟（普鲁士王国、俄罗斯帝国，随后不久还包括奥地利帝国、瑞典王国和许多较小的君主国家）在数量上始终处于绝对优势，那确实是不真实的。事实上，1813年，除了他的军队之外，拿破仑还在莱茵河和易北河之间的各个据点和要塞中布置了数量众多的士兵、马匹、大炮和其他战争必需品。如果把所有的军队（不论是驻军还是非驻军）都联合起来，拿破仑早就可以在战场上消灭上述反法同盟了。然而，由于种种原因，比如可能是拿破仑的固执或其他我们没有发现的神秘动机，拿破仑没有使用驻扎在德意志堡垒中的大量士兵，而是完全拒绝使用，所以很快就在人数上处于劣势。

［112］现在看来，拿破仑似乎是确信反法同盟很快就会瓦解，奥地利或德意志的小邦国会再次投靠于他。因此，他能够继续在德意志坚守自己的阵地，而不必动用他在德意志堡垒中的大量驻军。我们可以说，拿破仑1813年的军事错误是由于他对外交形势的错误判断而造成的。与拿破仑的所有战役一样，此次战役本身很简单，几乎可以简化为几个字。由于不得不在左翼对付瑞典和普鲁士，在前方对付普鲁士和俄罗斯，在右翼对付俄罗斯和奥地利，拿破仑很自然地选择了一个中心位置，正如他一贯所做的那样。他可以在那里阻止其对手联合起来，从而能够以人数上的优势来击溃对手。

拿破仑的行动如此迅速，以至于在1813年5月，他就从法国来到莱比锡附近。当时这里确实是中心位置，就如同1631年古斯塔夫所处的位置一样，而这时反法同盟尚未汇合，也未能合并他们各自的部队。拿破仑从莱比锡行进到德累斯顿。萨克森国王，尽管有时会动摇和犹豫不决，但仍是拿破仑的忠诚盟友。他所拥有的整个易北河，似乎给了拿破仑强大的军事助力，使其足以对抗力量不断增长的对手。事实上，拿破仑在德累斯顿东进时，屡次打败布吕歇尔。同样地，拿破仑向德累斯顿以南进军时也极大地击败了奥地利。

然而，由内伊（Michel Ney）和乌迪诺（Nicolas Charles

Oudinot）指挥的左翼部队在登讷维茨战役（battle of Dennewitz）中与普鲁士将军比洛（Von Bulow）遭遇后惨败。[113] 拿破仑的左翼实际上毫无防御能力。1813年拿破仑军队的主要缺陷之一是缺乏骑兵，这妨碍了拿破仑继续取得胜利。所以，尽管布吕歇尔屡次败在拿破仑手中，却总能重新振作起来，继续前进。然而，正如前面已经提到的，拿破仑最大的问题是他顽固地拒绝动用他在德意志要塞中的预备力量。

拿破仑曾希望战役期间进行的和平谈判能够通过外交手段恢复自己的地位，但这次的和平谈判却一无所获。对梅特涅，拿破仑轮番使用奉承、恐吓、威胁及游说等手段，但梅特涅只听从自己的虚荣心，他以当时中央外交家的身份自吹自擂，既没有遵守他所代表的奥地利的利益，也没有听取拿破仑的意见。

历史早已证明，拿破仑的意见中包含大量确凿的真理。据说，在谈判中，拿破仑除了恐吓梅特涅以外，还说了一句可怕的话："像我这样的人，对成百万人的生命毫不在乎……"人们习惯上引用这个来证明拿破仑的恶魔本性。实际上，这只是当时所说的一句话而已。滑铁卢战役后，当法国无政府主义分子提出要帮助他时，拿破仑冷静地拒绝了。

事实上，拿破仑一点也不残忍，他只是把这些话语当作政治手段，以便在谈判中表明自己的观点。他非常公正地指出，在经过更加成熟的考虑后，同盟中的许多成员应该得出这样的结论，即他们的真正利益是与他拿破仑紧密联系在一起的，[114] 而不是与反法同盟联系在一起的。这对巴伐利亚、撒克森、符腾堡、意大利以及奥地利都是如此。然而，君主们的虚荣心，他们想要阻止革命精神的愿望以及梅特涅和亚历山大一世的力量和影响，使拿破仑的这番深刻言论未起作用，也阻止了君主们采取这些本应该采取的正确政策。

所有的谈判都失败了，拿破仑被迫把自己的赌注押在了1813年10月在莱比锡附近发生的那次持续三天的大战上。这场被称为"民族大会战"的战役以拿破仑军队的失败而告终。在这场战役中，法国军队不得不与数量是自身两倍的联军相对峙。莱比锡之战结束后，弗雷德将军率领巴伐利亚军团赶赴哈瑙（Hanau），企图阻挡拿破仑率领幸存的军队向法国撤退，结果被拿破仑彻底粉碎。于是联军决定进入法国，并最终结束这位伟大征服者的统治。

1814年的战役，在塞纳河及其右边支流之间展开，是拿破仑最有意思的军事行动之一，同时也是其最不重要的战役之一。拿破仑置身于联军中间，通过迅速的运动战，在激烈的战斗中击败了联军的几位将军。拿破仑利用一支相对较小的军队对付人数上具有压倒性优势的敌人的这种行动，一直被视为现代战争的伟大壮举之一。然而，当时的环境、整个政治形势以及外交形势都发生了深刻的变化，拿破仑在1796年或1800年取得的胜利能够确保他最终战胜［115］他的敌人，但在1814年取得的胜利却变成了虽然辉煌却毫无结果的成功。

确实，研究军事史的人永远不会厌倦对那些著名战役的研究。在大多数权威人士看来，拿破仑在这些战役中表现出来的军事天才，甚至比他在以前战役中表现出来的军事天赋更为出色。但另一方面，从历史上看，拿破仑在布里埃纳（Brienne）、蒙米拉伊（Montmirail）、克拉翁纳（Craonne）、兰斯（Reims）、圣迪济耶（St. Dizier）等地的胜利都无足轻重。因为联军现在已经得出重大的结论，那就是拿破仑肯定被法国人抛弃了。因此，联军完全可以无视他和他的小军队，尽管即使在那时，他们也无法通过一场伟大的军事胜利来击溃他。

在研究联军的行军线路时，我们很容易注意到，施瓦岑贝格亲王领导下的奥地利人走的是一条非常靠南的路线。很明显，他们的目的是为了给拿破仑时间，要么取得巨大的成功，要么同奥地利谈判以对抗其他盟国。确实，在1814年，奥地利已在某种程度上相信，奥地利的利益所在就是任何情况下都不要支持反法同盟。拿破仑的外交游说或恐吓在1813年未能做到的事情，1814年周围环境的力量成功地使奥地利深切地体会到了，但为时已晚。

同盟国在塞纳河畔的沙蒂永（Chatillon-sur-Seine）进行虚假的谈判后，清楚看到拿破仑的侵略势力以及仅在防线上的强大抵抗力都已经结束。因此，他们决定进军巴黎，无视拿破仑在枫丹白露率领的四、五万人的残部。在这点上，法国人民的态度完全证明了他们的正确性。[116]诚然，即使到那个时候，拿破仑也确实可以依靠法国民众中很大一部分人的同情和深切的忠诚，但是富裕的资产阶级和贵族中也有很大一部分人已经下定决心抛弃他。在法国南部，威灵顿公爵一路挺进到图卢兹，在法国东北部，联军集结了数十万的士兵，这对法国人来说更多的是一种威胁、一种恐吓和一种挫败感。

此外，在法国议会中，塔列朗和富歇（Joseph Fouche）都在密谋对付皇帝。对法国人民来说，最有力的论据无疑就是，自1792年以来，法国在她自己的势力范围内从未出现过外国势力。在法国，战争幽灵对资产阶级的影响如此之大，就连拿破仑的威望也无法抵消它。

对于仔细研究法国历史的学者来说，很明显，法国（这个国家的物质结构非常相似）由两种截然相反的成份组成。一种是稳定、缓慢、有条不紊甚至是迂腐的资产阶级，他们的理想是秩序、安静、工作和享受当下生活。另一种是火山爆发般的力量，随时可能引起动乱、革命、政治和社会的爆发，具有无限的野心，时刻威胁着推翻旧制度。

1814年，前者也就是资产阶级成份占了上风。拿破仑对此不得不屈服，尽管在1802年到1814年这段相对漫长的统治期间，他殚精竭虑，[117]制定各种措施和制度使法国各阶级和阶层都能牢牢地依附于他和他的王朝，他仍无法做到让民众完全支持他。波旁王朝或瓦卢瓦（Valois）王朝中最迟钝、思想最狭隘的君主所能做到的，法国最伟大的统治者却无法做到。

作为一个国家，法国从来没有反抗过哪怕是像亨利二世或路易十五这样无足轻重的君主，却欣然地或者至少表面上心情轻松地抛弃了拿破仑一世。反法同盟看到了这一点，他们一进入巴黎就知道，大多数巴黎人会欣然接受联军打算提供给他们的任何合理的东西，并背弃拿破仑。

拿破仑被迫退位，他这样做是为了他的儿子。然而，反法同盟从来没有打算让拿破仑的儿子登上法国的王位，路易十六的兄弟路易十八登上了法国的王位。拿破仑本人在强大护卫队的护送下，被允许住在科西嘉和意大利之间的厄尔巴（Elba）岛。尽管当时，奥地利政治家梅特涅亲王提议，为了有效地将其废弃，应该把拿破仑这位伟大的征服者送到圣赫勒拿。拿破仑的第二个时期就这样结束，我们看到这位强大的征服者在毫不知名的小岛上沦落为微不足道的君主，失去所有的影响力，注定要在贫困中度过余生。

此时此刻，为了获得正确的标准和衡量尺度来评判这位非凡人物的政治和道德价值，我们必须考虑拿破仑周围大多数人的行为举止：他的元帅、妻子、仆人和对手。[118]除了极个别例外（比如麦克唐纳，他的元帅），拿破仑所提拔的每个人在对待他时淋漓尽致地演绎了什么是卑鄙无耻的奴仆和忘恩负义的势利小人。正是拿破仑将他们从如尘芥般卑微的地位提升至做梦都不曾想到过的社会名流之列。他们在言语中辱骂他，在行动中侮辱他。但事实上，与那个有幸成为他妻子的哈布斯堡王朝公主的行为相比，他们所有忘恩负义、卑鄙无耻的行径简直就是小巫见大巫。

哈布斯堡的这位公主，她不仅没有真正想要与他一道共进退（当然事实也不允许她这样做），也忘记了宗教誓言和对拿破仑的忠贞不渝。她委身于一个卑微的奥地利士兵。这个奥地利士兵之于拿破仑，无疑就是苍蝇之于苍鹰。内伊、苏尔特以及所有其他的元帅和将军们争先恐后地跳出来侮辱这位伟大的皇帝，并向再次登上法国王位的波旁王朝宣誓效忠。

路易十八是一个肥胖笨重、才华有限、愚蠢且无趣的人。当今历史上，最真实的说法莫过于一句关于波旁家族的名言：这么多年在国外的流亡，一点新的意识都没有学到，反而丝毫没有忘记旧的已经腐朽的东西。在流亡的岁月里，路易十八和他的兄弟以及家族的其他亲王们，不仅没有从事件中获得教训，没有真正了解法国历史的新变化、新潮流，反而什么都没学到、什么都没洞察到。

路易十八重新登上法国的王位，复辟了波旁王朝，他与他的兄长［119］路易十六和祖父路易十五一样，无可救药地自高自大。波旁王朝试图推行的政策与法兰西民族的政治或社会期待相差甚远，以至于路易十八当政几个月后，国内的不满情绪就已经普遍存在。

普通民众的基本想法就是，不能相信也无法真正设想那些时不时降临到欧洲各国的巨大变化。欧洲之所以是"大希腊"，不仅在于内部的巨大差异和个性化，更在于它对结构深刻变化的强烈热爱。

欧洲并非静止不动，它从来就不是一成不变的。美国人认为在所有国家中，美国是变化最快、进步最大、最具活力的国家。事实上，任何一位仔细观察和研究美国历史的人都会注意到，美国一切所谓的变化都是形式的、外在的，并没有真正涉及国家的核心要害。

欧洲则完全不同。欧洲发生了真正的革命，如16世纪伟大的道德和知识革命即宗教改革和文艺复兴、法国大革命、1848年欧洲大革命。这些革命不仅改变了欧洲的政府形式，也改变了欧洲的阶级结构和社会结构。在这种深刻变革的伟大力量中，法国是所有欧洲国家中所占份额最大的国家。在任何其他国家，我们都无法看到在法国那样的明确而广泛的事实，即这个国家对其所有社会和政治机构进行了彻底的清理。在任何其他国家，[120]我们都无法看到像在法国发生的那样深刻、绝对的变化。其中最大的变化就是通过法国大革命实现的。

这场革命完全不同于1565到1609年的荷兰大革命，不同于1642至1660年的英国大革命，不同于1775至1783年的美国大革命。上述这三次革命中，没有一场革命曾触及最深刻的社会因素。所有这三次革命涉及的都是纯粹的政治问题，而国家机构的其他部门未曾受到影响。与此相反，法国大革命本身就是一场真正的革命，它改变了整个国家的所有机构，社会的、宗教的、道德的和政治的各个方面。

然而波旁王朝却没有看到这一点。众所周知，大多数40岁以上的人绝对无法接受任何新颖的想法或适应新的习惯。波旁王朝就是这一朴素真理的突出例子。他们没有认识到，法兰西民族虽然大体上反对拿破仑的过度野心，但这并不意味着他们就满意波旁王朝粗鲁的控制政策。法国国内的不满情绪不断蔓延，位于厄尔巴岛的拿破仑密切关注着这些事态的发展。凭着独有的高度清醒的头脑，他预言自己将重返法国，并在不费一枪一弹的情况下重新夺回王位。

事实也正是如此。1815年3月初，拿破仑在儒昂港（Jouan）登陆，然后经过格勒诺布尔（Grenoble）、里昂。他率领着几个忠实的士兵向着巴黎挺进，一路没有遭到任何阻拦。拿破仑曾经的部下奉命去抓捕他，然而，他的老元帅们，[121]首先是内伊，一看到那个使他们取得这么多不朽胜利的帝国人物和那张面孔，就忘记了其正式职责。他们不仅没有把拿破仑当作囚犯抓起来，反而跪在他面前宣誓效忠。于是，拿破仑率领整个法国军队进入巴黎。几个月前曾抛弃他的法国人民，此时欢欣鼓舞，对他表示热烈欢迎。波旁王朝逃走了，于是拿破仑开始了他生命中的第三个也是最短的统治时期，即所谓的"百日王朝"。①

与波旁王朝完全不同，拿破仑吸取了教训，知道法国人民即使在他的统治下也不会接受专制统治。因此，他向他们承诺建立立宪政府，毫无疑问，他打算履行承诺。他几乎从不担心法国那些坚定的共和党人，这些共和党人即使在他最辉煌的胜利时期也一直反对他的统治。因此，拿破仑在国内相当安全，但国外的情况恰恰相反。1814年10月以来，欧洲列强就在奥地利首都召开著名的维也纳会议，以重新规划欧洲的版图。事实上，在拿破仑倒台后的几十年时间里，维也纳会议的决议改变了欧洲整个政治面貌。

一听到法国发生新的、出人意料的变故，欧洲列强立即决

———————

① 1815年3月20日，拿破仑从厄尔巴岛逃到法国，集结军队，把刚复辟的波旁王朝推翻，再度称帝。6月18日，因为滑铁卢战役的失败，拿破仑再次被流放到圣赫勒拿岛，波旁王朝再度复辟。拿破仑战争至此结束。从3月20日到6月22日，约为一百天，法国历史上把拿破仑重新掌政的这三个月称为"百日王朝"。

定，要将1813年和1814年成功所做的事情复制一遍，即羞辱拿破仑、消灭拿破仑。对他们来说，拿破仑是令他们蒙羞并且是带给他们最大耻辱的源头。他的存在不仅时时提醒着他们曾遭受过的最大耻辱。尤为重要的是，[122]他们企图镇压欧洲所有的政治自由，但拿破仑是实现这些意图的巨大障碍。再度掌权后，为了驱散即将到来的战争风暴，拿破仑立即向欧洲各君主国发表各种声明。在声明中，他郑重地宣布自己无意恢复过去。

然而，受1813年和1814年战争胜利的鼓舞，欧洲列强坚信，通过建立新的联盟，最终他们肯定能够击败拿破仑。英国、普鲁士王国、奥地利帝国、俄罗斯帝国，事实上是整个欧洲，再次联合起来。他们组织起一百多万士兵扑向法国，帮助专制的君主们摆脱拿破仑的噩梦，使欧洲自由失去他们可能的保护者。这就是1815年战役爆发的背景。

这场令人难忘的战役由所有参与其中的国家撰写。毫无疑问，关于这场战役的文学作品比欧洲历史上任何其他战役都有趣得多，而且充满了更多的谎言和对事实的歪曲。有关滑铁卢战役在1815年6月16日至6月18日这三天时间的报道各种各样，彼此矛盾重重。即使是最具智慧的人都无法令其自圆其说，也没有任何研究能够调和这些不一致的报道。在这里我们举几个例子。在滑铁卢战役中，英荷联军的中心设在拉海圣（La Haie Sainte）。威灵顿公爵本人说，法国人在下午两点占领了拉海圣。另一方面，指挥这一哨所的巴林少校声称，他在该哨所一直坚守到晚上6点。其他目击者则给出了不同的时间。还有，法国记者说法国骑兵向英荷联军的中心地带发起巨大攻势，[123]并成功地攻破了英军方阵，英国人则说法国人从来没有攻破它。法国人说整个英军军营都被歼灭，英国人则说没有一个营被歼灭。诸如此类，不胜枚举。

　　在这种情况下，我们当然不可能指望准确而忠实的描写滑铁卢战役的战术细节。幸运的是，法国、英国、荷兰和德意志的史学家做出了伟大努力，使我们能够绝对清楚地看到那场著名战役的战略细节。在1793年至1815年的战斗中，除了少数例外，英国人均未能在陆上打败法国军队。同时在数次交战中，他们在法国军队手中遭受了重大的和最令人恼火的失败。因此我们说，英国人总是不遗余力地试图将滑铁卢战役描绘成对他们最有利，希望最大限度地利用此次战役，这很正常。尽管一开始（也就是从1815年到1830年），许多英国将领，尤其是威灵顿公爵最重要的左翼指挥官维维安（Vivian）爵士曾坦率承认：没有普鲁士人的帮助，英荷联军根本不可能会认真考虑打败拿破仑这件事。

　　然而，1830年之后，英国在滑铁卢获胜的传说被刻意地传播开来，并且不断加以宣传，直到人们觉得否认它是一件很荒谬的事情。正如前面已经指出的，所有小国都有一个共同特征，那就是竭力夸大他们对强国的胜利。英格兰人对苏格兰人的所有胜利都永远抹不去班诺克本战役的光荣，正如法国人对英国人的所有胜利［124］永远抹不掉克雷西（Crécy）战役①和阿金

---

　　①　克雷西会战也叫克雷西战役，发生于1346年8月26日，英军以英格兰长弓大破法军重甲骑士与十字弓兵。克雷西之战是英法百年战争中的一次经典战役。公元1346年7月，英王爱德华三世率军九千人渡海侵入法国。法王腓力六世率兵三万余人迎敌。8月，双方战于克雷西。是役，英国长弓手起了关键作用，接连打退了法军的十五次冲锋。法军则伤亡惨重，腓力六世受伤，被迫退兵亚眠。英军大捷，乘胜进入诺曼底。此战法军伤亡万余人，英军伤亡则不到二百人，堪称世界战争史上一次以弱胜强的典范。

库尔（Agincourt）战役①的胜利一样。同样，英国人对布尔人的所有胜利永远抹不掉布尔人在科伦索（Colenso）、马赫斯方丹（Magersfontein）等战役中取得的胜利。

然而，滑铁卢战役具有极其重要的特点。尽管史学家可能会善意地容忍那些大肆赞扬克雷西战役或班诺克本战役英雄们的赞美诗，但他们绝对不能把有关滑铁卢战役的历史真相交给国家的广告商来处理。关于滑铁卢的第一真相就是：拿破仑在战役开始前就已经形同死人。他在此前两年即1813年和1814年，不仅在公开战役中被打败，而且几乎丧失了全部的军队、威望，最糟糕的是，还有整个民族对他的忠诚。因此，可以肯定的是，拿破仑即使在滑铁卢获胜，也永远不可能恢复他原来的地位。我们再多考虑几件事就会清楚地说明这一点。让我们假设拿破仑在6月18日成功地击溃威灵顿公爵的军队，就像他两天前在利尼成功地击溃布吕歇尔的军队一样。那么，他顶多也就是5万人的统帅，而在莱茵河上向他发起进攻的联军数量已经超过80万人。换言之，拿破仑在滑铁卢的胜利，将与1814年在蒙米赖、克拉翁讷战役中取得的胜利有完全相同的效果。1815年，觉得自己在数量上占据绝对优势的联军也会像他们在1814年实际所做的那样，即无视拿破仑，直接向巴黎挺进，迫使拿破仑退位。这是他第二次也是最后一次退位。

［125］没有人比拿破仑更清楚这一点了。他曾经才华横溢，

----

① 阿金库尔战役发生于1415年的10月25日，是英法百年战争中著名的以少胜多的战役。在亨利五世的率领下，英军以步兵弓箭手为主力的军队于此击溃了法国由大批贵族组成的精锐部队，为随后在1419年夺取整个诺曼底奠定基础。这场战役成为英国长弓手最辉煌的胜利之一，也对后世战争中依靠火力范围杀伤对手密集阵形这种战术产生了深刻影响。

能够把控一切，但现在命运女神不再垂青于他。他并不是真的病了，而是在判断局势的真实情况时，他已经失去信心。他很清楚，无论是战胜布吕歇尔还是战胜威灵顿都已经于事无补，都无法真正地拯救他。必须补充的是，法国史学家乌赛（Henri Houssaye）[①]的研究提供了一个值得注意的特征。这将有助于我们对这场战役的最终判断。

1815年10月，拿破仑本来能够组建一支约80万人的新军。因此，一切都取决于拿破仑是否能够坚持到10月份（到那时新招募的士兵可能就已经准备妥当），或者他是否会被迫在10月前投降。当时，由于滑铁卢战役使拿破仑的声望一落千丈，那些反对他的法国人在法国议会中占了上风，使他没有机会等到10月。

就这点而言，而且仅就这一点而言，滑铁卢战役可以被认为是拿破仑的最终失败。因为拿破仑若率领着80万士兵（尽管其中大多数都是新兵），本来是可以顶住联军的进攻，这一点不容置疑。滑铁卢剥夺了这种可能性，从这个意义上说，滑铁卢战役比莱比锡战役更有效，也更为重要。

滑铁卢战役的大致轮廓很简单。它由两场双重战役组成，一场是1815年6月16日的四臂村（Quatre-Bras）战役和利尼（Ligny）战役，另一场是1815年6月18日的滑铁卢和瓦弗尔（Wavre）战役。在第一场双重战役中，威灵顿公爵在四臂村（Quatre-Bras），布吕歇尔在利尼（Ligny）。这［126］两个战场距离很近，一切都取决于威灵顿公爵能否对布吕歇尔提供支

---

① 乌赛（1848—1911），法国史学家。生于巴黎。1905年当选为法兰西语言科学院院士。曾在《两大陆评论》和《辩论报》编辑部任职。早年研究古典考古和希腊史，后以研究拿破仑时代的历史享誉后世。代表作有《一八一四年》《一八一五年》《滑铁卢之战》《第二次退位》等。

援。1815年6月16日下午六点半之前，威灵顿公爵遭到内伊率领的一支法国军队的攻击，法国军队的人数远远超出威灵顿公爵的军队。6点半之后，威灵顿公爵的增援部队源源不断地赶到，并且比法军要强大得多。此时，布吕歇尔希望威灵顿公爵击退内伊并向自己的右翼进军，以加强普鲁士军队，帮助普军在利尼击败拿破仑。6点半以后，威灵顿公爵击退了内伊，但是他并没有去帮助布吕歇尔。威灵顿公爵为什么没有帮助布吕歇尔至今仍是个谜。

布吕歇尔的军队在利尼独自顽强对抗拿破仑，但是到了晚上，布吕歇尔的中军被攻破，两翼也被击溃，尽管拿破仑的军队比布吕歇尔的军队人数要少得多。布吕歇尔开始溃退并逃向瓦弗尔，拿破仑派格鲁希率领3万士兵追击他。但格鲁希误判了布吕歇尔溃逃的方向，沿着古罗马大道向东越走越远。在那次重要战役中选择格鲁希是拿破仑的一大失误。正如法国将军西艾波特在回忆录中所说，格鲁希从来就不是一个可靠的人，他只是一个糟糕的将军。

另一方面，拿破仑自己也违背了终其一生宣扬的"战争艺术"的所有原则。拿破仑并没有以最快的速度向威灵顿公爵进军，也没有在四臂村附近消灭他。在抵达四臂村时，拿破仑的兵力远远超过威灵顿公爵所能调动的人数。6月17日，拿破仑以不可思议的缓慢速度前进，从而给了威灵顿公爵逃跑的机会。威灵顿公爵得以撤退并［127］在滑铁卢前方集结。6月17日傍晚，拿破仑在威灵顿对面的佳姻庄（Belle Alliance）安营扎寨。

6月18日的战术和战略形势与6月16日完全相同。布吕歇尔在瓦弗尔遭到格鲁希的抵抗，威灵顿公爵在滑铁卢遭到拿破仑的抵抗。一切都取决于是布吕歇尔先行抵达支援威灵顿公爵还是格鲁希先行抵达支持拿破仑。上午 11 点，滑铁卢战役还没有开始，在英德联军附近，普鲁士将军比洛率领着 9 千名士兵正位于沙贝尔圣兰伯特（Chapelle St. Lombard）。下午，布吕歇尔的军队分批到达。七点钟，拿破仑同时成功地攻入了位于拉海圣（La Haie Sainte）的英德联军的中心，却发现自己的右翼和后方遭到普鲁士人的袭击，而英德联军就在前方。格鲁希从未离开瓦弗尔。结果，拿破仑被布吕歇尔和威灵顿公爵彻底击败。

接下来就是旧戏重演，拿破仑第二次也是最后一次被迫退位。他主动向英国"柏勒洛丰号"（Bellerophon）战列舰的梅特兰船长投降，然后在列强的一致建议下被送往圣赫勒拿岛。在那里被囚禁五年后，拿破仑于 1821 年 5 月 5 日溘然辞世。每个大国在圣赫勒拿岛都有自己的代理人，以便使他们确信拿破仑还住在这个孤岛上。四千多名士兵看守着这位伟大的征服者，逃跑完全不可能。这就是拿破仑一世的结局。

第八讲 反应

[128] 拿破仑的垮台主要是由俄罗斯、普鲁士和奥地利的君主们造成的。由于拿破仑的垮台，这些统治者才能够自由地实施自法国大革命爆发以来就一直充斥在他们心间的那些想法和计划。如前所述，他们反对拿破仑，主要是因为他们希望利用拿破仑战争来剥夺欧洲大陆各国的政治自由。为了这一目的，他们1814年秋齐聚维也纳，决心以最坚决的专制主义路线重新彻底安排欧洲版图和各国机构，从而永远抹杀近代最伟大革命所取得的成果。他们非常清楚，现在重新恢复君主制国家的法国已不可能，君主制的英国不愿意大规模屠杀，也不愿破坏伟大的自由理念和宪法思想。这些理念和思想由18世纪的思想家和英雄们传播开来，并在人民心中得到了认可。梅特涅和亚历山大一世的计划从一开始就搁置法国，或者说无论如何要使法国在维也纳会议上的外交影响瘫痪。

同样，普鲁士不仅决心恢复自己以前的领土，继续其原有的[129]专制统治，而且决心全面报复法国人和拿破仑最忠实的盟友萨克森人。参加维也纳会议的普鲁士代表是哈登贝格亲王及普鲁士驻奥地利大使洪堡（Wilhelm von Humboldt）。从其著作和私人信件可以看出，洪堡特别善于表达甜言蜜语和崇高的思想，并能将二者完美地融合在一起。但在外交活动中，他却表现出冷酷的唯物主义态度和毫不留情的专制性格，这令君主们又惊又喜。

他自然而然地成为普鲁士集团的中心，普鲁士集团决心在维也纳会议上威胁法国并消灭萨克森。洪堡在《给一位女性朋友的信件》（*Briefe an eine Freundin*）中表现出非凡的能力。他能够把德国伟大诗人席勒多次强烈表达过的理想，用最温和的语言表达出来。洪堡以真正普鲁士式的野蛮残暴对法国代表塔列朗说："强权即公理，我们不承认你们所呼吁的国际法。"

然而，在欧洲错综复杂的外交事务中，塔列朗拥有最丰富的经验，其娴熟的外交手段远远超过普鲁士的洪堡、俄罗斯的亚历山大一世和奥地利的梅特涅。他以极大的尊严和更大的智慧，利用列强之间彼此对立的利益，使维也纳会议做出决议，即在维也纳会议中，德意志境内外的较小邦国应该和大国拥有同样的投票权。事实上，各列强之间的利益冲突不只这一点。既然拿破仑［130］已经从他所取得的空前成就的舞台上永远消失，那再也没有什么共同的事业能够把列强们团结在一个真诚的共同计划中了。

由于垂涎德意志境内资源丰富、工业发达的萨克森王国，普鲁士以萨克森人曾经背叛过德意志为由，提出应该消灭萨克森。但奥地利方面不可能接受。因为普鲁士如此大规模地扩张将使她过于强大，从而使其与奥地利争夺德意志盟主地位这一不可避免的冲突更加迫在眉睫，也更加危险。至于亚历山大一世，他不仅想保住他以前在波兰的领土，还想获得更大的领土份额。这又违背了普鲁士和奥地利的利益。德意志境内的小邦国，如巴伐利亚、符腾堡王国、巴登、黑森，都支持萨克森反对普鲁士。他们担心萨克森被消灭的命运也可能落在他们头上。

奥地利，或者更确切地说是梅特涅，希望掌控国际政治和德意志政治的所有大权，想要控制维也纳会议，想要在其他列强面前扮演拿破仑的外交形象。他就是法国人所说的那种人（唉！这正是奥地利政治家通常具有的一个特点），一个诡计多端的人，一个自以为在智力上能够轻易碾压他人的人。为了让自己享受这种乐趣，梅特涅经常会营造虚假的立场，而这些只会让他的目的落空。事实上，塔利朗才是维也纳会议的主宰者，他最终说服了与会代表公开主张正统主义原则。他正确地认识到，无论如何，这一原则［131］对于最终安抚各国亲王比任何其他外交手段更有效。正统主义原则很简单。只有那些亲王才能保留或获得基于合法继承或君主制传统的领土。英国代表清楚地意识到，尽管在之前的23年里英国一直与法国处于交战状态，但现在与法国合作符合英国的利益。

通过将英国与其他列强分开，塔列朗轻易地成为维也纳会议公认的裁判，尽管并不是维也纳会议所期望的裁判。梅特涅用一系列没完没了的宴会、舞会、音乐会来取悦他的客人们。所以有人当时讥讽说，维也纳会议不是议事会，而是跳舞会。梅特涅最珍视的并经常用来自我夸耀的观点就是，欺骗他人的最可靠方式就是用快乐迷惑他们。他相信这种快乐的陶醉只会伤害别人，而不会损害自己高尚心灵和不凡头脑的片刻宁静。确实，维也纳的娱乐活动令人陶醉。然而，胜利却是属于塔列朗的。

维也纳会议的结果如下：在德意志，仅萨克森王国就被剥夺了一半以上的领土，这对普鲁士有利。其他小一点的邦国，尤其是巴伐利亚，曾经在拿破仑胜利和垮台期间凭借非凡的聪明才智玩弄两面手法，或多或少地保留了拿破仑在1805至1806年间给予他们的领土。整个"德意志邦联"有了一个邦联议会，因此，从某种形式上来说，神圣罗马帝国部分复活了。然而，那个邦联议会［132］不过是一场闹剧，德意志邦联的所有真正权力都掌握在普鲁士和奥地利的手上。或者说，考虑到普鲁士大臣们的软弱无能，权力都掌握在梅特涅手中。意大利的大部分都划归给了奥地利。波兰问题的解决有利于亚历山大一世，尽管克拉科夫成为一个自由城市，既不属于俄罗斯也不属于奥地利。

然而，维也纳会议最糟糕的地方在于其立法中的不成文部分。正如其他许多高度敏感的政治措施一样，不成文的、潜在的、隐含的部分是最重要的。维也纳会议引入了一种可怕的反动制度、愚民政策、警察迫害制度，这使得1815年到1848年这段时期充满了各种反对自由主义的最可耻的暴行。欧洲各国的人民感到自己遭到了君主们的极大愚弄和欺骗。1813年、1814年和1815年，他们被告知，他们正在打倒拿破仑这位压迫欧洲自由的暴君。现在，他们很快了解到，拿破仑被赶下台后，所谓的拿破仑式压迫仍在继续，并且比以往任何时候都更严重。以前至少还有伟大皇帝的天才等特征，现在则任何可取之处都没有。

在德意志、意大利或奥地利，任何人只要企图讨论政治问题、唱《马赛曲》、发表政治诗歌、建立完全无害的社交俱乐部、戴圆顶礼帽等等，总之，凡是触犯君主制国家专制主义警察那愚蠢而反动手段的事情，哪怕是最轻微的动向，都会被关进监狱，或处以巨额罚款，[133]或房屋被当局以最卑劣的手段查抄。简而言之，除了不处决他们，专制机构动用了各种可能的手段来折磨公民。

拥有无穷虚荣心的梅特涅实际上认为，他可以愚弄各国的自由愿望，欺骗或恫吓各国，使其不要采取任何措施来试图恢复成一个更受欢迎的政府。唉，这么多年的成功显然已经充分证明了这一点。他巧妙地利用民众个别的过激行为，使他的制度得到越来越多的普遍认可。

1819年，一个名叫桑德（Charles Sand）的学生，刺杀了著名的科茨布（August von Kotzebue）。科茨布是一位极具魅力的喜剧作家，但同时也是俄罗斯政府一个可悲的间谍。梅特涅知道如何利用这一恶行来激发所有大小君主们的想象力，越来越严厉的警察措施成为当时的常态。奥地利的监狱，尤其是摩拉维亚布伦附近的斯皮尔伯格监狱和蒂罗尔的库夫斯坦监狱，很快就挤满了注定要被囚禁多年的囚犯。其中一些囚犯，如匈牙利的科苏特（Lajos Kossuth）或意大利的佩利科（Silvio Pellico），都是具有最高智商和最高尚情操的爱国主义人士。

事实上，德意志、奥地利和意大利的政治精英都被关进了监狱。正如德国诗人所说的那样，自由的日头被遮挡，因为它上面悬挂着僧侣和牧师的兜帽。梅特涅和他的警察体系治着五千多万死气沉沉绝望的人民。

于是，这些国家的政治史就沦为君主及其大臣们制定各项措施的故事，人民［134］在这些商讨中毫无发言权。其中需要提及的主要有下述相继召开的著名大会：1818年在亚琛（Aix-la-Chapelle）、1819年在卡尔斯巴德（Karlsbad）、1820年在奥属西里西亚的特洛波（Troppau in Austrian Silesia）、1821年在莱巴赫、1822年在维罗纳。

法国最杰出的段子手尚福尔（Nicolas Chamfort）曾经说过，真正的历史只能在自由国家中找到，专制主义政府的历史只不过是一些趣闻逸事。法国这位著名智者的话大体上是正确的，对我们现在正在考量的这个时期具有很大意义。

上面提及的那些著名会议正在依次或交叉进行。外交代表和君主们的每一项雄心和抱负的全面陈述，确实会使人对那些显然非常重要但令人困惑的事件产生一种匪夷所思又令人迷惑不解的印象。然而，正如专制主义国家的普遍情况一样，这种表面的复杂性很容易让位于诚实的陈述。上述会议的各种路线、宗旨和目标实际上可简化为三项主要政策。俄罗斯的亚历山大一世以另一种值得称道的坚毅精神试图接触或欺骗欧洲其他国家，以便在其东方政策中腾出手来。像其他俄罗斯统治者一样，他把心思放在了君士坦丁堡。俄罗斯占领的君士坦丁堡将来是否会比拜占庭皇帝或土耳其人手中拥有的君士坦丁堡更有效、更有统治力，这值得怀疑。君士坦丁堡的价值可能被夸大了。

然而，从［135］实际政治的角度来看，沙皇一直希望把这个城市作为第三个首都，即除了神圣的莫斯科，商业化和现代化的圣彼得堡，再加上这个曾经是许多希腊皇帝和土耳其苏丹的帝国首都的城市。1818年，沙皇亚历山大一世希望说服欧洲在美洲发起一项大型活动。正如我们所看到的，自1810年以来，拉丁美洲的殖民地居民就开始公开反抗西班牙，尽管并不总是能取得成功。沙皇亚历山大一世于1818年在亚琛召开会议，目的是说服欧洲列强派遣庞大的欧洲联军帮助西班牙国王，镇压拉丁美洲的革命。亚历山大一世通过帮助法国摆脱同盟国1815年留在法国的占领军，长期以来一直保持着与法兰西帝国的友谊。因此，他希望法国不要反对他的计划。

然而，梅特涅，既是出于个人骄傲同时也是出于政策上的考虑，想要阻挠亚历山大一世的计划。他设法使整个计划变得徒劳无功，不具有任何实际意义。亚历山大就这样离开了亚琛，并没有实现让欧洲介入美洲的诡计，于是梅特涅取得了全面胜利。亚历山大一世本人及其外交大臣卡波迪纳斯（Count John Capodistrias）对该政策多次修改更新。但除了在希腊起义这件事上，这一政策通常统统都被极度狡猾和拥有高超外交技巧的梅特涅挫败了。

上述大会的第二大政治目标，也是所有君主们都欣然接受的政治目标，就是坚决镇压自由与民族运动，防止爆发新的革命，无论其发生在西班牙、[136]意大利、奥地利还是德意志。长期以来，人民厌倦了反动的专制主义的陈旧制度。但无论在什么地方，只要他们高声呼吁支持进步或是要求改善他们的命运，梅特涅、亚历山大一世及其所有同盟者就会立即采取一切严厉的警察措施来强迫和镇压"反叛精神"。在意大利，这些叛乱要么是在诸如那不勒斯、米兰和罗马爆发的那种地方性动乱，要么就是以秘密组织的形式在整个半岛进行，如著名的烧炭党（19世纪意大利的革命组织，旨在统一意大利，建立共和国）。所有这些起义和叛乱都被梅特涅和奥地利军队无情地镇压下去。结果就是，人民继续处于最卑鄙、最愚蠢、最不可饶恕的小暴君费迪南四世（Ferdinand Ⅳ）统治之下，例如在那不勒斯就是如此。

西班牙也是同样的情况，在西班牙，人民痛苦地认识到，他们赶走了近代最伟大的统治者，却又退回到最邪恶、最乏味的西班牙波旁王朝国王费迪南七世最残酷无情的统治之下。西班牙人同拿破仑及其军队战斗了六年，结果却发现宗教裁判所、神职人员在各行各业中都拥有至高无上的地位，各种商业企业缺乏，贫穷不断蔓延。简而言之，拿破仑法律已经扫除或肯定要消除的所有陈旧过时的特征，现在又重新建立起来了。正如我们所看到的，爱国的西班牙人受错误动机的驱使与拿破仑作战，其结果就是直至今日爱国的西班牙仍然注定落得衰落的命运。1823年，他们与之战斗了六年的法国人穿越半岛，一路挺进加的斯港（Cadiz）的特罗卡德洛（Trocadero），[137]为了那个费迪南七世而大肆镇压该民族争取自由的行动，而就在几年前，成千上万的西班牙人曾为了费迪南七世前赴后继流血牺牲。

在奥地利和德意志，新闻界的言论自由遭到压制，任何敢于支持自由制度的人都被投进监狱，邦联议会所有可能的权利都被剥夺。总而言之，零零星星的小型起义对最专制体制的推行几乎没有任何影响。随着上述会议的相继召开，亚历山大一世和其他专制君主们宣布了越来越严厉的措施，以彻底消灭自由主义者。所谓的"神圣同盟"或"神秘主义政治条约"是俄国沙皇亚历山大一世与几个大陆强国缔结的同盟。在《神圣同盟宣言》中，亚历山大一世的反动观点披上了宗教外衣，实际上，该神圣同盟既多余也无效。在没有任何宗教外衣的情况下，梅特涅也完美地践行了神圣同盟的反动精神，德意志人民从来没有进行过真正的革命。同样，意大利人民也无法参加任何公开的革命，因此梅特涅的专制制度在这两个国家成为可能，在很多人看来甚至是很理想的。

研究伟大哲学家叔本华著作的学者，在读到这位深刻思想家的著作时，不禁对他的如下言论感到惊讶：滑铁卢之后的这段时期的反应，是家长式政府为了那些受到引诱而仿效法国大革命这一近代"最荒谬"、最罪恶行为的人民的利益，而采取的最明智、最出色、最值得称赞的尝试。

[138]叔本华只表达了成千上万欧洲大陆人士的观点，对这些人来说，政治是一块完全未知的领域（terra incognita）。他们认为，只要能够确保和平、安宁和秩序，任何形式的政府都远比那些在其统治下国内动乱不断、海外战争频发、各地一片混乱的政府更可取。毫无疑问，关于国家安宁的这种理想，对于伤残人士、不治之症患者、百万富翁和僧侣们来说具有极大的吸引力。然而，世界上除了这些值得重视的人外，还有许许多多渴望变

革、渴望上进、渴望轰动和进步的男男女女。同样，毫无疑问，错误和失误、混乱和战争是我们为得到短暂而体面的和平所必须付出的代价。梅特涅、亚历山大一世、叔本华的理想意味着颓废、停滞和死亡。世上不存在一种通用的政治制度，能够永久地满足各国的需求、理想和愿望。

19世纪梅特涅的极端保守主义给德意志造成的伤害比17世纪的三十年战争造成的伤害更大。尽管在梅特涅统治下只有几百人被处决，也根本没有发生重大战争。但梅特涅体系使奥地利人民陷入瘫痪，直到今天仍然严重影响奥地利人民。此外，它使意大利人民的政治活力丧失殆尽，使他们在争取民族理想的斗争中耗尽了资源和智慧。尽管现在意大利已经统一，但这种统一并不是靠他们自己的力量或凭借他们自己的努力，而是靠法国人的慷慨帮助实现的，尽管这种帮助并不明智。

在欧洲历史上，几乎没有什么伟大的大臣穷其一生［139］对人民造成的伤害能够超过1815年至1848年期间奥地利那位愚蠢的领导人。因为，除了希腊人，在很大程度上还有法国人，当时欧洲没有一个国家能够摆脱梅特涅及其同行灌输给欧洲人民的那种麻木、懒散、冷漠、沮丧、病态、脆弱的被催眠状态。如果一个史学家拥有古代巫师和审判官的权力，他会毫不迟疑地说是梅特涅蛊惑了欧洲。

梅特涅是暮色之魔，正如拿破仑是光明英雄一样。拿破仑即使犯错，那也是一个天才的错误，这种错误体现并代表了欧洲许多真正的历史趋势。在取得胜利的同时，拿破仑通过他的制度为他所征服的国家带来了不可估量的好处。由于他的失败，他给了他们前所未有的机会来恢复他们长期以来所放弃的自由。然而，与那个无与伦比的人相比，所有的民族都显得如此逊色，以至于拿破仑垮台后，他们根本无法利用他们的机会，而只能在一个远远不如那个科西嘉皇帝的人的统治下，陷入悲惨的境地。

梅特涅反对任何自由主义的企图，尤其是反对希腊人争取自由的企图。作为历史上最高贵、最伟大民族的后代，这些希腊人在19世纪20年代已经决定起来反抗土耳其统治者。众所周知，现代希腊人的希腊血统在诸多详尽而博学的作品中受到质疑。奥地利学者法尔梅拉耶（Jakob Philipp Fallmerayer）在其作品中认为，现代希腊人跟古代希腊人在血统上完全是两回事。[140]人们花费了大量心思去证明或反驳现代希腊人血统是纯正抑或混种。我们冒昧地说，对于研究现代希腊历史的人来说，希腊血统的纯正或混合状态完全无关紧要。

没有哪个国家拥有纯粹的血统，没有哪个国家只有一个种族成份，构成一个国家的不是血统，而是每个成员在精神上对国家根本问题的态度。如果希腊人真的相信他们是马拉松和萨拉米斯的胜利者的后代，那么无论从历史和现实的角度来看，他们都可以被视为希腊人。正如任何一个英国人在内心深处都认为，真正的英国人意味着生活在英国、为英国而活并最终为之而死。另一方面，同样令人怀疑的是，土耳其人是否真的对希腊人管理不善，以至于让希腊人陷入绝望。土耳其人是高贵的民族，事实上他们还是俾斯麦先前所谓的"东方唯一的绅士"。无论土耳其人被指控残酷还是暴政，作为严肃认真的学生，我们最好在对事实进行更准确的筛选之前暂缓做出判断。

无论如何，希腊人已经下定决心要解放自己。无论是在希腊大陆还是在希腊群岛，他们不顾生命危险，不顾一切地与土耳其苏丹马哈茂德二世那支训练有素、可怕的军队作战。凭借破釜沉舟的勇气，并在崇高理想的激励下，他们取得了成功。确实，在反抗土耳其的过程中，他们之间也开始出现内乱，许多恶名昭彰的背叛行为和［141］最令人作呕的残酷行径，都是希腊人对希腊人犯下的。他们在希腊海域取得的成功如此之大，以至于苏丹最终不得不向他的埃及总督阿里（Mehmed Ali）寻求帮助。阿里派遣他的儿子易卜拉欣（Ibrahim Pasha）和一支庞大的舰队前往希腊。

　　至此，由于相互间的恐惧和嫉妒，欧洲大国已经陷入瘫痪。英国因担心希腊革命的最终利益会落入沙皇俄国之手，所以并没有向希腊伸出友好之手。在1824年的法国，查理十世是一位极度反动的国王。而梅特涅主要是出于对沙皇俄国的嫉妒，极力反对整个希腊的冒险行动。所以，他竭尽全力阻挠欧洲协调（Concert of Europe）[①]对希腊革命问题施加影响。最终，欧洲大国联合起来，同意派遣舰队去帮助希腊人。这样做主要是因为后来土耳其人为报复希腊人的过分行径，犯下了最残酷和最具毁灭性的罪行，如1822年臭名远扬的希俄斯岛（Chios）大屠杀。

　　欧洲民众爆发大规模支持希腊的抗议活动。他们称自己是"希腊之友"（Philhellenes），其中最著名的是拜伦（Lord Byron）勋爵。他们募集资金、集结军队、召集志愿者来帮助那些伟大的希腊人的后代。此时这些伟大希腊人的作品得到的研究比以往任何时候都要多，他们的艺术终于开始被视作人类思想的最杰出表现。1827年，沙皇俄国、英国和法国的联合舰队终于进入希腊海域，在纳瓦里诺湾（Navarino）与土耳其舰队相遇，并彻底将其

---

　　① 　欧洲协调，又称为会议制度，是1815年至1900年左右在欧洲出现的势力均衡机制。其创建成员为英国、奥地利、俄罗斯、普鲁士，她们均属摧毁了拿破仑帝国的四国同盟的成员。稍后法国亦加入进来。

摧毁。沙皇尼古拉一世派军队进入巴尔干半岛，虽然困难重重，但仍设法向土耳其首都挺进。[142]最后，土耳其苏丹在《亚德里亚堡条约》（1829年）中承认希腊的独立。

拿破仑倒台后，席卷欧洲的巨大反响在很大程度上扼杀了欧洲的政治生活。除了上一章提到的革命事件外，欧洲没有发生任何真正重要的政治事件。然而，这种反应最显著的特点是欧洲的知识分子运动，这也是一种与以往所有文学、艺术和诗歌运动都截然不同的反应。这就是欧洲希腊化的本质，所有重大的政治事件在任何时候都有其智力和艺术上的对应者。在东方国家，国王和王朝不断交替更迭，战争和战役有输有赢，物质生活发生各种变化，但人民的社会生活和精神生活几乎没有发生任何变化。在欧洲却不是这样。从十字军东征以来欧洲发生的所有政治改革和革命中，真正的史学家可能很容易推断出文学、艺术、哲学甚至科学的发展趋势。

因此，很显然，欧洲各地政治的巨大变化，所有战争的停止，以及从1789年到1815年曾经调动欧洲各路力量和全部热情的所有海上和陆上巨大斗争的停止，这一切必然导致欧洲民众的精神和情感生活发生变化。这种文学和艺术的巨大变化或反应，或者更通俗地说，这种在1848至1849年大革命爆发之前的浪漫主义情怀，一直困扰着所有欧洲人。

[143]在此之前，德意志、奥地利、英国、法国以及欧洲大多数其他国家民众的文学生活都遵循着古典主义的路线。很难用几句话来概括古典诗歌或文学的本质，然而，古典文学的目标是形式与内容之间的完全和谐。无论如何，希腊人和罗马人的伟大典范都将这种和谐表现得淋漓尽致。这种和谐也出现在德意志人的古典作品中，如莱辛（Gotthold Ephraim Lessing）的《拉奥孔》

（*Laokoon*）及其著名剧本《爱米丽娅》（*Emilia Galotti*）、《智者纳坦》（*Nathan the Wise*）、《明娜》（*Minna von Barnhelm*）。在席勒和歌德的不朽作品中，形式之美与内容健全（soundness）之间的完全一致令我们感到震撼。

而如果研究拿破仑倒台后主导欧洲文学和艺术的作品和作家，我们会发现一个令人震撼的现象。伟大的形式之美与内容的病态、不健全完美地结合在一起。所有的浪漫主义作家，无论是英国人、法国人、德国人还是意大利人，都擅长于形式之美。他们的风格，无论是在散文中还是诗歌中，都比古典作家的风格有明显的进步。没有什么能比伟大的德国诗人海涅（Heine）的散文风格更完美了。法国一些伟大的浪漫主义作家，如夏多布里昂（François-René de Chateaubriand）、拉马丁（Alphonse de Lamartine）、梅里美（Prosper Mérimée）等人，他们的散文风格经过精雕细琢，其精美程度远远超过之前的任何作品。

诗歌也是如此。无论是在韵文稿中，还是在素体诗和押韵诗中，浪漫主义的力量都显示出丰富的语言资源，这在古典作家的作品中很少见。［144］现在我们可以这样说，英国的拜伦勋爵以他在诗歌创作方面令人惊异的足智多谋，使最伟大的英语语言研究者都感到震惊。在海涅的作品中，德语变得优美而淡雅，这是最乐观的德语仰慕者也难以想象的。在拉马丁的《挽歌》（*Elegies*）和《沉思集》（*Meditations*）中，法语的醇香和抑扬顿挫，给人以轻灵飘逸的感觉，17世纪和18世纪的诗人从未达到过这种境界。

但是，如果我们看一下这些浪漫主义诗人采用的素材，就会得出完全不同的结论。可以这样说，他们所有的人、所有的作品，几乎无一例外地选择了病态的题材，至少是我们现在看来奇怪而不健康的题材。歌德曾经说过：古典的就是健康的，浪漫的就是病态的。这位德国文学的巨匠，在这句话以及在他的其他名言中触及了整个问题的本质。

我们首先会发现，浪漫主义时期的诗人对女性的地位和力量抱有奇怪而不健康的看法。在拜伦勋爵、拉马丁、海涅和意大利伟大诗人莱奥帕尔迪（Giacomo Leopardi）的诗歌中，那些人们熟悉的人物都是病态幻想的产物。她们并不吸引精力充沛、头脑正常的男人，不会成为值得尊敬的母亲或英雄的配偶。她们漂浮在朦胧的半空中，被月光下那浪漫之夜的光环所环绕。她们具有更多精灵和恶魔的本性而不是人类的本性。她们不是用神圣的充满激情的爱来充实男人的思想和心智，而是使他们的思想和精神错乱。浪漫主义诗人创造的那些熟悉的人物没有一个能 [145] 对人类的想象力产生强有力的影响。

古典作家创作了他们的艾米莉亚（Emilias）、玛格丽特（Margarets）、奥菲利亚（Ophelias）和朱丽叶（Juliets），而浪漫主义作家只创作了影子。从这些浪漫主义诗人的私人生活中，我们可以窥见这些女性形象的本性。在诗歌中，诗人以华美的辞藻极力赞美着现实中根本不存在的女性魅力，但在现实生活中却选择最世俗、最性感的女人作为他们的爱人。

海涅在诗歌中刻画的为我们所熟悉的形象优雅、空灵、轻盈、飘渺、虚幻、疯狂、超凡脱俗。然而在现实生活中，海涅却以一种深沉、执拗的激情迷恋那种最现实、最世俗、最能勾起情人幻想的东西。拉马丁、莱奥帕尔迪、拜伦勋爵也是如此。这种情形本身表明，这些浪漫主义诗人的女性形象都是虚幻的、不真实的。在诗歌中，诗人对她们极尽赞颂之辞，但投入的并不是真心，而是那种矫揉造作的感情和爱情。所以，可以肯定的是，这些浪漫主义诗人的所有情诗都有一个虚假的光环，有一种诗人自己都不相信的永恒的装腔作势的情感。

现在让我们转向音乐，我们将会发现同样的现象。在经历了长期以要求严格为特征的古典音乐时期后，浪漫主义音乐的时代在拿破仑垮台后出现，与之前的所有时期都截然不同。我们可以用音乐的术语来表达这种巨大的变化。古典音乐在自然音阶内移动，浪漫主义音乐尽可能地脱离自然音阶，几乎完全在半音音阶上移动。浪漫主义音乐创造了一个全新的世界。［146］和浪漫主义文学一样，浪漫主义音乐很大程度上是不健康的、不自然的、束手束脚的。

但总的来说，在所有浪漫主义思想运动中，音乐领域的运动是迄今为止最成功的。当时浪漫主义音乐的两位伟大代表是舒曼（Robert Schumann）和肖邦（Frederick Chopin）。毋庸置疑，他们两人奏出了人类抒情曲中的和弦和振动弦乐。在他们之前，即使是最伟大的作曲家都从未将这些带入音乐中。

舒曼深入到我们在巴赫或贝多芬的作品中无法看到的深度。舒曼的《交响练习曲》（*Etudes symphoniques*）、《G小调钢琴奏鸣曲》（*G Minor Sonata for the Piano*）、《降B大调交响曲》（*B Flat Major Symphony*）都洋溢着神秘和炽热的感情，直至今天都无与伦比。尽管舒曼的作品是霍夫曼（E. T. A. Hoffmann）文学作品的音乐延续，但它们本身就是一个独立的世界。自从这位举世无双的作曲家去世后，就再也没有什么能与舒曼的作品相提并论了。

肖邦可能是有史以来最具有独创性的艺术家。除了极少数例外，他出版的都是一些小而无当的作品，这大大损害了他的名声。此外，他把这些作品称为玛祖卡、圆舞曲（华尔兹）和波罗奈兹舞曲，由此使得他数量众多的敌人很轻易就找到与这种"舞曲"相冲突的方法。事实上，肖邦的音乐是最正统的。在作者的旅途中，无论是从加利福尼亚到罗马尼亚，还是从德国北部到美国南部各州，在演奏频率、受崇拜程度、对男男女女情感的吸引力上，[147] 没有任何一种音乐能够超越这位不幸的波兰人的音乐。有人认为，肖邦用来表达我们某些最复杂和最深沉情感的手段极其简单。如果研究了肖邦的《B小调玛祖卡舞曲》（*B Minor Mazurka*）或《圆舞曲集》（*Valses*），主要是他使用的音调、节奏和声部的数量，人们就不得不对肖邦的强大能力表示惊讶。肖邦能够把最简单的装饰音和几乎是最质朴的音调结构灌输到人们的头脑中。无论是快乐激昂还是忧郁伤感，无论是在激情的黑暗波涛中搏斗，还是在英雄本色的苍穹中翱翔，他的形式之美和完美的音色表现力都无与伦比。

尽管在自我意识上，肖邦像莫扎特一样天真，像莫扎特一样拘谨幼稚，但他比任何人都更接近莫扎特。在他那些伟大的作品中，他的《E小调协奏曲》（*E Minor Concerto*）是迄今为止所有钢琴协奏曲中最珍贵和最完美的。肖邦能够用音乐来表达诗歌和艺术永远无法企及的梦想和幻想。在他的作品中，我们听到了所有灵魂的病痛，所有被蹂躏的波兰人的悲伤，所有被不幸的激情所扭曲的内心紧张，还有一个艺术灵魂对一个处处伤害他的世界、一个不和谐且异常乏味的世界的深深不满。

肖邦在他四十岁那年去世，很早以前他就爱上了乔治·桑（Georges Sand）夫人。他是乔治·桑夫人的"第十个恋爱对象"。对于这个女人，说得越少越好，肖邦对她爱得深沉、爱得热切，但她没有能力也没有意愿去回报他的这份爱。毫无疑问，正是这份不幸的爱使肖邦的心灵和健康都受到了伤害。与海涅的情况一样，人们对 [148] 肖邦的情况感到非常惊讶。肖邦的思想始终在远大而崇高的理想中徘徊，却又对一个如此物质化、如此感性的女人有着如此深切和浓烈的感情，尽管她的小说中充满了理想主义。与海涅的情况一样，作曲家的生活与他作为个人的生活完全不同，肖邦的作品强有力地说明了作为音乐家的肖邦与作为个体的肖邦之间的区别。

如果我们现在转向欧洲知识界的另一个方面，转向哲学，我们会发现存在同样显著的浪漫主义现象。拿破仑垮台后不久，黑格尔哲学就吸引并迷住了整个欧洲大陆。黑格尔是柏林大学的哲学教授。在一系列著作中，更多的是通过他的讲座，他提出了一个肯定是近代以来个人所提出的最令人震惊的哲学体系。有些哲学家，诸如贝克莱（George Berkeley）、斯宾诺莎、康德等等，对困惑人类心智的一些重大问题向好奇的人做出了解答。斯宾诺莎很乐意回答关于上帝与世界关系的永恒问题，或关于政治和个人伦理的基本原则之类的问题，但每当我们向他寻求有关艺术、历史和宗教等同属永恒问题的答案时，他总是让我们孤独无助。另一些哲学家会多次给我们提示，使我们在宗教和艺术的重大问题上能够采取正确的态度，但在政治、科学、伦理方面却让我们茫然无措。

在所有近代思想家中，只有黑格尔试图为我们解决几乎所有的［149］宗教、科学、艺术、伦理和形而上学问题。即使是其最大的对手也不能否认，黑格尔的作品中散落着大小不一、数量众多的"宝石"，有许多的真知灼见。毫无疑问，这些真知灼见的暗示性和丰富性非常值得注意。无论人们是接受还是反对他的体系，可以肯定的是，黑格尔的作品是一个思想和观念的宝库。这是我们在近代其他任何思想家的作品中都找不到的。黑格尔的作品现在在德国早已过时，但在英国和美国却流行甚广，并被广泛接纳。

除了黑格尔哲学的观点外，从历史上看，黑格尔与上述诗人和作曲家站在同一条线上，因为他也是彻头彻尾的浪漫主义者。在他的体系中，形式也远比内容更完美，所以逻辑学是其体系中最好的一部分，他自己也这么认为。和其他浪漫主义作家一样，黑格尔也有一种极端的主观性。这种主观性是浪漫主义思想的典型特点，与古典主义思想的客观性形成鲜明的对比。如果把黑格尔在其有生之年对德国的巨大影响归结为阿尔登斯坦（Karl von Altenstein）部长对黑格尔的支持和鼓励，那将是一个重大的历史错误。黑格尔的成功是由于其思想体系和当时知识分子的心态之间存在着完美的一致。

矫枉过正的主观主义可以说是当时的主要精神特征。像黑格尔体系这样的哲学体系最令人满意，也最符合欧洲大陆知识分子潮流。黑格尔试图通过辩证的方法，从思想内部建立起整个宇宙。[150]他说，辩证法在精神哲学和自然哲学中都能产生真正的真理。对于那些把全部注意力都集中在人类灵魂内部奥秘上的人来说，没有什么比这更能吸引他们的思想了。这些人在现实生活、科学研究和艺术中，都在全副身心思索人类心灵和人类命运的奥秘。

当我们试图找出这种奇怪的浪漫主义的原因时，我们必须承认，整个时期离我们太近，以至于我们还不能以适当的比例来看待它的全部运作。一方面，我们不能否认浪漫主义产生了持久而有价值的结果。可以肯定，由于浪漫主义者对中世纪的一切都感兴趣，才使得我们对中世纪拥有修正过的、更佳的观点。这些观点曾遭到18世纪作家不分青红皂白的谴责和嘲笑。毫无疑问，浪漫主义者在自己写的关于中世纪的小说和历史作品中用了许多夸大之辞。他们试图对中世纪那个粗鲁以及在许多方面甚至原始野蛮的时代投以不正常的光环。

另一方面，对于现代习语在中世纪的发展，浪漫主义者们开辟了全新的研究思路。格林（Jacob Grimm）等学者向全世界展示了中世纪和近代日耳曼语言中的巨大财富。甚至还有现代语言学最伟大的成就，即发现印度日耳曼语系的相似之处，也主要缘于浪漫主义者对各个语言分支的研究热情。他们梦想进入一门语言的一个单词中，就像一个人登上一艘小船，让自己随着这艘小船沿着过去的波浪回到［151］事物和思想的起源。他们的梦想对历史和哲学都造成了极大危害。文字能揭示很多东西，但文字只是苍白的照片，而不是事物本身多彩而生动的图片。

浪漫主义者在史学上的影响也相当大，他们对法国大革命之前所表现出来的兴趣促成了历史学派的建立，比如巴黎国立文献学校和德国类似机构的成立。自1830年以来，这些机构的学生和教师提供大量信息，极大地扩展了我们对中世纪和近代早期情况的了解。以至于法国大革命前出版的有关这些时期的最杰出、最有学问的著作现在看来都因之而过时了，如英国史学家吉本（Edward Gibbon）的《罗马帝国衰亡史》（*Decline*）或罗伯逊（William Robertson）的《皇帝查理五世时期的历史》（*Charles V*）。

必须补充的是，即使是在科学领域，许多浪漫主义者的神秘泛神论也对更深入、更全面地洞察大自然的奥秘做出了相当大的贡献。

我们很难判断，浪漫主义者所创造的善与恶的平衡是否有利于持久的结果。似乎有可能的是，拿破仑垮台后引发的整个巨大反应首先是由当时的政治环境造成的。1792—1815年的大战后，法国和其他欧洲国家采取的巨大努力实际上几乎耗尽了人民积极勇敢生活的能量。他们的状态从积极向上变成了死气沉沉。18世纪末，欧洲大部分地区对政治理想热情高涨。19世纪初，理想主义思想在欧洲下层［152］阶级流行。但所有这些都让位于精神崩溃。人们对他们取得的为数不多且可怜的结果感到厌恶。他们为之奋斗的理想很少能够实现，成千上万个家庭被毁，那个真正代表整个革命且当时最伟大的人物垮台了。

这一切使欧洲每个人都对那些不切实际的崇高目标产生了怀疑甚至是绝望情绪，而这些崇高目标曾是拿破仑惊人崛起的主要原因。无论是从当时的文学作品中，还是与曾经生活在那个时期的父辈或祖辈的谈话中，人们都能够轻易地捕捉到几乎所有欧洲大陆民众心中充满的沮丧和忧郁情绪。经过大革命那一代人艰苦卓绝的奋斗，接下来的一代人头脑不正常、思想病态、极度敏感、无法适应现实生活，所有这些都很自然。

在那个时期的精神英雄中，我们发现了这样一个人。虽然经受了那个时期的诸多影响，他却高高在上，睥睨着这个时期。他的作品将永远是伟大的作品，不仅是在有限的一段时期，而且是对整个现代人类史来说都是如此。这个人就是巴尔扎克。

这是英国、德国和法国知识界中最奇怪的现象之一，在这些国家中，没有一个人能够认识到他们最杰出的天才那超凡脱俗的卓越之处。在英国，莎士比亚无与伦比的伟大在他死后的一百多年里无人知晓，也无人重视。在德国，巴赫这位非凡的天才［153］在他去世后的七十多年里几乎无人知晓。

法国人直到今天还没有学会真正欣赏巴尔扎克这位伟大的天才。他们称赞巴尔扎克就像17世纪英国人称赞莎士比亚一样。他们认为他是一个聪明的作家，一个伟大的作家，一个有趣的作家。他们没有看到，巴尔扎克的价值远远不止于此，他不是伟大，而是独一无二。他的巨著《人间喜剧》（*La Comédie Humaine*）比13世纪欧洲但丁的《神曲》（*The Divine Comedy*）更能表现近代欧洲。但丁作品的形式本身就能赢得尊重和权威，而巴尔扎克作品的形式——小说——就其本身而言，最不可能赢得尊重，它让读者充满敬畏。

巴尔扎克不是一种流派的创造者，他是不朽的、充满个人生活的各类人性的创造者。他创造的类型与莎士比亚塑造的类型以及一些无名天才创造的类型相类似，如《浮士德》（*Faust*）、《唐璜》（*Don Juan*）和《永世流浪的犹太人》（*The Wandering Jew*）。他塑造的男女主人公实际上比任何现实生活中的男人或女人都更有生命力。正如莎士比亚的《李尔王》（*King Lear*），他的《高老头》（*Le Père Goriot*）描写的是一种不朽的父爱情怀。他笔下的葛朗台则是法国大多数资产阶级贪得无厌本性的经典表现。在他的作品中，我们能找到所有阶层、各种职业。

二十多年里，巴尔扎克勤勉写作，笔耕不辍，他的劳动强度胜过了任何一个服苦役的人。对他的小说，巴尔扎克写了又写，改了又改，始终致力于他的伟大目标，即刻画人性。拿破仑的目标是统治人类，而巴尔扎克的目标则是分析人类。[154]拿破仑创立了国家体制，任何事件的变化都不能使国家体制发生实质性改变。巴尔扎克创立了不同类型的个性、灵魂和思想，可以说，未来任何事件都无法将其摧毁。巴尔扎克既能吸引人的想象思维，又能吸引人的理性思维。巴尔扎克既有强大的想象力，也有微妙缜密的分析能力，他是法国的散文体莎士比亚。

即使本篇只是对这个反应时期的粗略描述，我们也不能不提及有史以来最著名、最杰出的演奏艺术家李斯特（Franz Liszt）。

众所周知，作为一名钢琴家，从来没有人能够与李斯特相媲美。他的艺术为他赢得了从加的斯到莫斯科、从高加索到伦敦的全部成功和赞誉。人们对一位显然只是钢琴家的人有着不可思议的热情。多所大学纷纷授予李斯特博士学位，无数城镇授予他名誉公民称号，无数女人拜倒在他的面前，不，甚至是最终绑架了他。基于现代冷漠的物质至上主义，我们可能会认为，无论李斯特的天赋如何，他的听众和他的狂热追捧者可能是颓废的，或者是受到我们现代自我意识所未知的缺乏约束的影响。

另一方面，可以肯定的是，李斯特的演奏受到灵魂的驱使，他在钢琴上的表现一定对欧洲人最广泛、最强烈和最高尚的情感具有巨大的吸引力。笔者根据个人的体验证实，李斯特对各个阶层人群［155］（无论是文化阶层还是非文化阶层）所具有的独特魅力，在上个世纪七八十年代和在三四十年代一模一样。在那时，李斯特的知名度远远超过了著名小提琴家帕格尼尼所取得的成就。事实上，李斯特不仅是一位钢琴家，还是一位伟大的诗人。他用手指在琴键上写诗，这是真正的诗歌。

第九讲　革命

[156] 有人比如梅特涅那位著名的秘书根茨（Friedrich Gentz）早就预见到，所有国家对君主专制政府的反应和表面的屈服不会持续很长时间。正如我们所看到的，1848年以前，意大利、西班牙、葡萄牙、法国和德意志的各种革命动乱都被镇压下去了。在前一章中，我们没有谈法国1830年的大革命，只就那次著名的革命和最终打破专制政权的各种革命的关系做了简短的叙述。法国1830年的七月革命本身就是小规模事件，无论如何都无法与法国大革命的那些悲惨事件相比。

但从一个方面来说，它可与法国历史上最伟大的事件相提并论，那就是它对欧洲人思想的影响，即使没有那么深刻和持久，至少也是令人难忘的，尤其是在英国、波兰和比利时。长期以来法国民众的不满情绪为法国七月革命的爆发准备了条件，而查理十世的愚蠢执拗使这一问题达到顶峰。查理十世在外交政策上（在阿尔及尔、土耳其等问题上）相当成功。于是他轻信，只要通过压制新闻自由，他就可以 [157] 恢复旧秩序。在法国，新闻自由就像英国的《人身保护法》（*habeas corpus act*）和陪审团制度一样，同时一直发挥着比在英国更为深刻的作用。在英国，自查理二世时代起就有组织严密的议会政党，直到查理二世1685年去世。英国的政治一直是按照政党路线进行的。因此，对政治观点的学术表达，无论是来自伟大的知识分子还是普通的平民百姓，政府都很少给予考虑。

另一方面，在法国的历史中，真正的政党从未存在过。在英国，新闻自由是在威廉三世时代以一种消极的方式被授予的。也就是说，在斯图亚特时代关于更新《出版许可法》(*licensing laws of the Press*)的提议被束之高阁。与此相反，新闻自由在法国以最明确和最积极的形式给予广大国民，并且一直被民众视为政治自由的最大财富。

查理十世，一个狭隘、陈旧、迂腐的人，他误读了人民的全部政治品格。查理十世于1830年7月颁布敕令，即根据他个人的权威制定法律，这实际上破坏了新闻自由。巴黎人民立刻站出来抗议，军队实际上也加入了他们。查理十世在最后一刻想要作出让步，但已无法挽回局势，最后时刻不得不仓皇出逃。随后奥尔良公爵路易·菲利普(Louis Philippe)被资产阶级自由派拥上王位，法国进入奥尔良王朝（七月王朝）时期。他的父亲路易·菲利普·约瑟夫在法国大革命中被称为"平等的菲利普"(Philippe Égalité)。从前面的叙述可以看出，1830年的革命总体上是一场[158]学术性的革命。人员的更换并不代表着体制的改变。然而，它对欧洲其他国家影响巨大。众所周知，正是由于害怕英国发生类似的革命，托利党才最终通过著名的《1832年改革法案》(*Reform Bill of 1832*)。在比利时，人民奋起反抗，强烈要求脱离荷兰。最终，比利时脱离荷兰成为一个独立的王国，直至今日。

在波兰，不幸的波兰人民从巴黎事件中获得勇气，发动起义，奋起反抗沙俄统治，希望得到法国的援助。他们英勇作战，在各种战斗中打败沙俄军队。但在1832年，他们被迫投降，铁腕的沙皇尼古拉一世剥夺其前任亚历山大一世授予波兰的所有自治权，取消波兰王国的自治地位，并重新对波兰进行了行政划分，将波兰分割成为几个省，统统并入俄罗斯，使其与俄罗斯帝国的其他省份处于同等的地位。

对于法国新国王路易·菲利普，他的许多朋友和崇拜者都期望他能比路易十八或查理十世更好地了解其所辖人民的心态和他所处时代的特征。事实上，这位新国王装出一种和蔼可亲、资产阶级式的谦虚态度，赢得了许多人心。这似乎预示着法国的未来充满了希望。然而，正如我们现在所知道的，在善良和简朴的外表下，其种族中固有的旧精神依然挥之不去。这种精神受到某种渴望的支配，即希望法国也能做英国在查理二世时代曾经做的事情。众所周知，查理一世过于高傲且从不加掩饰，查理二世却相反，他借助装腔作势获得了他父亲为之奋斗的所有权利。

[159] 凭借同样的方式，路易·菲利普试图在牺牲权力的一些表面形式的同时确保权力的本质。他一再让步，不管是向傲慢的部长佩里埃（Casimir-Perier），还是忠实可靠的基佐（François Guizot），以及特别机灵精明的梯也尔（Adol-phe Thiers）。路易·菲利普在汹涌民意前俯首帖耳，1840年，在法国人民的强烈要求下，他甚至同意将拿破仑的遗骸从圣赫勒拿岛迎回法国。在异常庄严肃穆的气氛中，这位伟大的政治家和征服者的遗体被安放在巴黎荣军院宏伟的墓穴里。甚至拿破仑的侄子路易·波拿巴（即后来的拿破仑三世）搞阴谋活动，路易·菲利普也只是进行相对温和的惩罚，将其监禁在哈姆要塞中。在法国和英国关于东方问题的种种冲突中，在俄罗斯、奥地利和法国之间艰难的外交谈判中，路易·菲利普都试图通过耐心和掩饰来拖延时间，以便渡过难关。

路易·菲利普统治下的法国在物质上相当繁荣。事实上，除了英国以外（甚至可能与英国不相上下），法国是世界上最富有的国家。在科学方面，他们取得相当大的进步，法国当时的数学、自然哲学和生物科学研究被公认为欧洲其他国家的典范。

然而，法兰西民族在思想上反对路易·菲利普，正如反对查理十世一样。人们对他的不满与日俱增。他们无数次企图杀害国王和王室其他成员［159］，这已经清楚表明，法国这个欧洲长期以来的，领头羊不能也不会容忍在一个聪明但没有野心和激情的国王的领导下从昔日的辉煌走向衰落。我们前面已经指出，像每一个真正伟大的历史民族一样，法兰西民族不可能放弃伟大的梦想，尽管有时他们的政治家和思想家都呼吁以和平方式不具侵略性地发展。

当法国人看到路易·菲利普并不比查理十世更有能力恢复他们在欧洲政治中的原有地位时，他们的功绩实际上已经变成了对阿尔及尔缓慢而艰难的征服。根据经验，他们明白，他们关于自由的崇高梦想在路易·菲利普统治下不可能实现，跟最后两位波旁国王统治的时候一样。他们这时就下定决心结束这个既不喜爱也不害怕的政权。当时，有两个人既不是伟大的政治家，也不是受某种伟大的历史动机所鼓舞的实干家，莱德律-洛兰（Alexandre Ledru-Rollin）[①]和诗人拉马丁。在卡芬雅克（Louis-Eugène Cavaignac）[②]别有用心的帮助下，他们于1848年2月煽动了一场反对路易·菲利普的革命。这场革命又被路易·拿破仑巧妙地利用了。和其前任一样，路易·菲利普被逐出法国，路易·拿

――――――――――

①　莱德律-洛兰（1807—1874），法国政治家，小资产阶级民主派领袖，在七月王朝时代成为反对派人士。

②　卡芬雅克（1802年10月15日—1857年10月28日），法国政治家、军事家，法兰西第二共和国将军，因镇压巴黎工人六月起义，被称为"六月屠夫"。1848年6至12月为政府首脑，实行军事统治。

破仑成为法兰西共和国总统。

就像1830年的革命一样，1848年的革命本身没有任何令人震惊的事件，也没有出现任何国家生活的大动荡。事实证明，它对其他国家政治生活产生的影响比对法国的影响要重大得多。巴黎二月革命的消息一传到奥匈帝国、[160]意大利和德意志南部诸邦国，所有这些国家马上就奋起反抗他们的统治者，发动了近代以来最可怕的革命运动。在1848年所有的革命中，最重要的也最值得注意的是匈牙利革命。

匈牙利革命的重要性和突出性在于两个明显的原因：一是该国的革命不仅是政治上的变化，也是社会制度上的变化。这是整个民族的复兴。在德意志和意大利，当时的革命几乎没有触及国家的社会结构。匈牙利革命则在各个方面彻底改变了整个国家的政治体制。匈牙利革命引起大家高度兴趣的第二个原因是，在当时发生巨大政治动荡的所有国家中，匈牙利造就了最引人注目的和历史上最重要的人物，如科苏特、伟大诗人裴多菲（Petofi Sandor）、塞切尼伯爵（Count Szechenyi）、波兰革命将领贝姆（Józef Bem）将军以及许多其他人。

正如今天大家所知道的那样，科苏特所代表的不是某些个人或临时的目标，而是一种巨大的历史趋势。在他死后多年，他的儿子之所以能够领导整个马札尔民族，仅仅是因为他是科苏特的儿子，是科苏特的天然代表。他儿子无论从哪个方面都无法与伟大的父亲相提并论，甚至连类似都谈不上。从许多方面来看，科苏特的确是一个非凡的人。在国外，他那出类拔萃的口才比在匈牙利还令人钦佩。在匈牙利，每一个农民都能言善辩，但在这个天生雄辩的民族中，他最具辩才。科苏特的口才和说服力[162]的确前所未有。他天生有着一副美妙动人的嗓音和一副庄重威严的神态，懂得如何巧妙、自然、流畅地调动听众的感情和情绪，在那个动荡不安的时代产生了令人惊叹的热情。他是不是一位伟大的政治家，这一点值得商榷。他试图体现的历史趋势是匈牙利政体的持久特征之一。原则上讲，他是并且可能永远是马札尔人基本思想的化身。

我们可以说，尽管其政治策略，无论在什么时候都是伟大的，但作为政治谋略家，科苏特缺乏太多的品质。人们也许将会发现，在未来的几个世纪里，他的名声会越来越大。但是，他那个时代的史学家却无法将其与伟大的马札尔革命中那位思想不那么深邃但更有效率的政治家相提并论。

自1825年以来，匈牙利经历了一次深刻的社会和政治变革，这种变革是欧洲其他地区无法与之相媲美的。其他国家对旧制度的改革，要么是从上而下（其形式是王室成员将恩惠赐予那些百依百顺的人民），要么由最激烈的斗争引起（通常终结于内战）。但在匈牙利，国家的复兴几乎是在没有内战的情况下实现的，贵族们自身采取了崇高的、爱国的措施加以援助。1848年以前，贵族不用纳税，完全免税。然而，在最伟大的"马札尔人"塞切尼伯爵的领导下，[163]匈牙利人民在1825年至1848年于波佐尼（普莱斯堡）举行的各种会议上，进行了一轮又一轮的改革，直到革命爆发之前，贵族们自愿与该国所有其他公民一样纳税，匈牙利的每一个公民也都愿意为国家的改善和复兴做出任何牺牲。当时在位的奥地利皇帝费迪南一世是个笨蛋。他深受妻子以及她的宫廷圈的影响。他妻子认为，通过煽动耶拉契奇（Joseph von Jellachich）领导下的克罗地亚人来对付匈牙利人，她就能轻易让不守规矩、难以驾驭的马札尔人就范，同时自己根本不用做出任何让步。

但马札尔人一得知克罗地亚人的进展，就立刻在全国范围发动了公开革命。每个匈牙利人，无论平民还是僧侣，无论男女老幼，都或直接或间接地参军。大家纷纷从各方筹措资金，战争迅速取得胜利，不到一年，奥地利人就被彻底赶出匈牙利，这主要归功于戈尔盖（Artur Gorgei）将军的资源和才能。革命取得全面胜利，一个独立的马札尔政府成立，科苏特被任命为匈牙利国家元首。

面临困境，奥地利向沙皇俄国求援。沙皇尼古拉斯一世一直积极镇压争取自由的运动。他派帕斯凯维奇（Ivan Fyodorovich Paskevich）将军率领十几万人进入匈牙利。尽管多次打败俄军，但在沙皇俄国入侵后不久，匈牙利人就丧失信心。1849年，戈尔盖将军率领仅存的匈牙利正规军在维拉戈斯向俄军缴械投降，[164] 匈牙利革命就这样结束。

奥地利统治集团在匈牙利土地上推行官僚集权主义，采用一整套理性、现代化的官僚机构，企图消除匈牙利自由和自治的仅存硕果。大规模的德国化进程被引入，奥地利内政大臣巴赫男爵和他所谓的"巴赫的骠骑兵"（即一大批说德语的政府官员）试图扼杀这个国家近千年来的民族精神，即保持政治独立和个性的精神。毋庸赘述，巴赫失败了。1849年到1860年匈牙利人的消极抵抗就是这种不可征服力量的最佳体现。年轻的皇帝约瑟夫（Francis Joseph）也深信其推行的这一制度是错误的，因此在1860年，提出了各种探讨性的建议，以使匈牙利之间达成更好的谅解。

奥地利革命时间较短，因为奥地利人民（特别是说德语的奥地利人）从来没有意识到政治自由的价值和最终目的，因而不适合进行持久的斗争。奥地利辖下意大利的革命很快就被奥地利的将军们镇压下去。海璃（Julius Jacob von Haynau）将军因其残忍的暴行而臭名昭著，而拉德茨基（Count John Joseph Wenceslaus Radetzky of Radetz）将军则因四处冲杀而声名狼藉。

总体来说，奥地利和奥地利辖下意大利的革命是失败的。在奥地利本土，这种失败从来没有得到改善。到目前为止，内莱塔尼亚（Cis-Leithania）①政治体系还没有达到平衡的水平。而我们将看到，匈牙利和意大利的失败只是暂时的，因为这两个国家很快就实现了完全的统一、独立和繁荣。

正如反应（Reaction）时期在文学、哲学、艺术各方面都产生了［165］对理性的反动或浪漫主义一样，革命时期也迅速把知识革命时代引入科学文学各领域。反应时期知识界的基调是哲学上的黑格尔主义和文学艺术上的浪漫主义。随着1848—1849年伟大革命的到来，反应时期的这两种理性运动迅速消退，实证主义时期开始。之前，人们支持黑格尔和浪漫主义者的热情高涨。1848年以后，人们反对黑格尔和浪漫主义者的热情同样巨大和激烈。革命之前，黑格尔似乎满足了人类心灵最深处的渴望。在法国和德语国家，黑格尔被视为全新的、完美的知识先知。现在，当这一哲学体系遭到反对时，黑格尔很快被人们可耻地遗忘。

黑格尔于1831年去世，在死后若干年里，人们以他的名字命名他所创造的伟大哲学体系。他的哲学体系具有如此大的权威，以至于人们认为，神学、法律、政治和文学中一些最重要的问题都需要参考这位大师的指导思想才能得到明确的解决。青年黑格尔派的主要成员大卫·施特劳斯（David Strauss）根据黑格尔的

---

① 内莱塔尼亚是奥匈帝国的北部与西部领土的泛称，由奥地利所拥有。内莱塔尼亚意为莱塔河以西，与莱塔河以东的匈牙利王国外莱塔尼亚相对。内莱塔尼亚继承了过去奥地利帝国的土地，由哈布斯堡家族以奥地利皇帝之名统治。内莱塔尼亚的首都设在维也纳。

原则重建或者说是摧毁了耶稣的一生。斯塔尔（Friedrich Julius Stahl）和其他人根据黑格尔的理论重新确立法律的地位。上个世纪三四十年代的政治科学几乎完全被黑格尔的体系和思想所主导。现在所有这一切盛况都已不再。

叔本华的著作刚问世时几乎无人阅读，他对［166］黑格尔哲学的价值进行了前所未有的讽刺。事实上，叔本华反对所有的哲学，除了自己的哲学。现在，叔本华的观点开始成为全世界的观点。黑格尔之后，作为无所不包的思想体系而存在的哲学被抛弃、被排斥、被鄙视，取而代之的是实证科学。在反动时期的鼎盛时期，法国已经成功地发展了实证科学。欧洲其他国家纷纷涌向巴黎，学习天文学、物理学、生物学和其他自然科学。正是在四五十年代，一位伟大的法国人不仅总结了精确科学的主要学说，而且从这些学说中得出了一套哲学体系。其目的是取代以前的所有体系，并以一种全新的理念来打动人心。这个法国人就是孔德（Auguste Comte）。

他是圣西门（St. Simon）的门徒，从圣西门那里接受了许多思想和精神态度。孔德以教数学为生，他的人生和思想水平表明他是一个新的思想世界的先知。在他的《实证哲学教程》（*Cours de Philosophie Positive*）（共6卷）中，孔德概述了他认为即将到来的精神革命和新的宗教制度。他把自己的哲学称为实证主义哲学，这种哲学与现有的哲学体系形成鲜明对比，但孔德否认人类的思想能够掌握形而上学的问题。在他看来，人类思想所能做的就是协调主要科学中最普遍的真理，并接受它们是普遍真理的最高体系。

他还教导说，现有的宗教体系注定要衰亡，而唯一为现代人所接受的宗教就是［167］人性的宗教即人道教（Religion of

Humanity)。即使从这个关于他主要思想的简要概述中，读者也可以看出，在孔德看来，数学、物理和生物科学与社会和历史科学之间的联系远比以前哲学家所说的要紧密得多。他指出，所有的科学都按照从简单学科到复杂学科的等级来划分。数学必须先于物理学，物理学必须先于生物学，生物学必须先于社会学或者他所说的社会物理学（Physique Sociale）和历史研究。关于这种等级体系，孔德还指出，这是各种科学相互依存和历史发展的最自然的表现。

他传授所谓的三阶段法则。根据该法则，我们的思想和社会、政治、宗教机构都必须遵循同样的规律，即从神学的阶段过渡到形而上学的阶段，最后达到实证科学阶段。不可否认的是，如果这样的法则真的成立，那么阐述人类历史中无数的事实就变得相对容易。孔德确实认为，他的法则将涵盖所有这些事实。在其伟大著作的许多段落中，孔德对其法则的重视程度与我们对万有引力定律的重视程度相同。但必须承认，从孔德的书问世以来，我们的经验和研究并不能证实这一法则。

另一方面，在英国、美国、[168] 法国和欧洲大陆的其他地方，孔德的思想和他那充满活力的头脑都留下了深刻的影响。这是近代最清楚的历史事实之一。现在的法国政府正在实施孔德的一些思想。巴西和大多数南美国家的政府似乎都在按照孔德的法则行事。无论孔德关于将人道教置于基督教地位的愿望是否会实现，不可否认的是，他的思想和学说在很大程度上为科学时代做好了准备，为近代欧洲思想的形成做出了实质性的贡献。

在英国，密尔（John Stuart Mill）和斯宾塞（Herbert Spencer）都曾试图贯彻孔德的实证主义哲学原则。19世纪下半叶，英国人对科学本身的力量和结果估计过高，主要是由于孔德的影响。无论如何，目前我们中的一些人正试图摆脱这种对数学或精确方法的过高估计所带来的有害后果。我们已经认识到，无论孔德的思想在科学上多么有价值，他把这些思想应用到社会知识和历史中的做法已经证明都是失败的。在历史研究方面，科学对我们即使有帮助，那也微乎其微。然而，为了对孔德的哲学思想有个正确的认识，按照需要对其进行必要的修改后，我们不得不承认他的思想是1848年至1849年伟大革命所开创的那个时期的指导思想之一。

对浪漫主义和形而上学思想流派的反感在德国也有体现。它体现在一个有着非凡兴趣的人身上，他的作品［169］对欧洲人的思想产生了相当大的影响。这个人就是洪堡（Alexander von Humboldt）。洪堡并不是真正的哲学家，但他有一种罕见的能力，能将他在旅行中以及从书本中获得的广博知识进行清晰和便捷的概括总结。因此，他一生的终极之作《宇宙》（*Kosmos*）在他那个时代是对人类和对自然知识的完美再现，并以一种最完美和最庄严的风格写成。他也在很大程度上促成了精确科学在欧洲人民心目中的主导地位。洪堡的伟大作品《宇宙》的销量史无前例。欧洲各国对自然科学的追求似乎永无止境，而洪堡（上一章中提到的他那位外交官兄长）就是自然科学最杰出的倡导者。

说到关于科学的价值和力量的新认识，在许多方面英国做出的贡献甚至更大，这些贡献可以用达尔文（Charles Darwin）这个名字来概括。达尔文的不朽著作《物种起源》（*Origin of Species*）于1859年问世。凭借其丰富的数据、清晰的阐述以及作者的绝对诚实和真诚，这一著作立刻使生物学研究发生了革命性的变化。达尔文试图以生物学界前所未有的丰富性和精确性来解释物种的奥秘。他的解释方式使学生着迷，在大多数情况下令学生信服。

"进化论"这个术语和概念曾是达尔文大多数先驱者的忌讳，此时却迅速成为现代思想的口号和座右铭。数以百万计的读者对进化论所提供的解释深感满意，以至于最后"进化论"这个词似乎就足以解释自然界的各种事件和［170］制度。它既无声又有活力，不仅如此，还能够解释整个人类。

在六十年代初期，进化论被认为是解开历史和社会学所有谜团的钥匙。许多作家知识上不如达尔文渊博，态度上不如达尔文谨慎，但他们毫不犹豫地将进化论扩展到历史和人类学、民族学、社会学、心理学以及人文学科的所有其他分支的问题上。他们纷纷宣称进化论是长期以来寻求的解开宇宙奥秘的方法，如英国的泰勒（Edward Burnett Tylor）和莱基（William E. H. Lecky）、美国的天文学家德雷珀（John Draper）、德国达尔文主义人种学者赫尔瓦尔德（Friedrich von Hellwald），尤其是斯宾塞（他的著作涉及广泛，数量众多）。

在我们这个时代，一种反对对进化论过高估计的反应已经开始。正如笔者在另一部作品中试图表明的那样，进化论的证据和理论既不能说明也不能解释历史上的主要事件。但就目前的目的而言，我们有必要注意到，在六十年代（更不用说上个世纪的七十年代和八十年代），过分重视精确科学导致其方法的扩展远远超出其可以合理应用的范围。不仅哲学，还有神学、政治和文学的理论和规律以及类似的学科都遭到曲解或成为禁忌。这是因为大家过度热爱和崇拜近代思想中主要由孔德、洪堡和达尔文引入的精确科学。

唯物主义也是过度关注科学本身的一个副作用，我们必须注意它的兴起，特别是福格特（Carl Vogt）（瑞士博物学家）、毕希纳（Lewis Buechner）（德国医生及哲学家）、摩莱萧特（Jacob

Moleschott）（荷兰生理学家和哲学家）等人教导的唯物主义。由于自然科学专业的学生对历史的习惯性忽视如此突出，唯物主义的教义于是［171］被一群充满热情、好奇的学生作为人类智慧的最新成果所接受。朗格（Albert Lange）（德国的新康德主义哲学家和社会主义者）在其著名的《唯物主义之历史》（*History of Materialism*）中毫不费力地指出，现代唯物主义者缺乏独创性的主张。然而，人们的倾向是如此强烈，以至于构成19世纪六七十年代欧洲大多数文化人的智力水平是唯物主义、不可知论以及对基督教神圣著作巨大历史重要性的荒谬忽视。

这几个事实也足以证明，上世纪中叶的伟大革命净化了欧洲知识分子的环境，消除了许多最糟糕的浪漫主义幻想，同时也毁掉了许多由浪漫主义者培养出来的有益的、有价值的知识领域。时至今日，我们仍然在这两条相互冲突的思想路线之间挣扎。我们大多数人都倾向于认为，尽管浪漫主义者在很大程度上是错误的，但科学家和实证主义者中并不缺少那些相当严重的缺陷。

第十讲　意大利的统一

[172] 1851年到1871年，这二十年间发生的政治事件是如此重大，以至于像所有的伟大事件一样，可以用一些清晰易懂的词汇来对它们进行概括。我们可以将其简化为以下五组事实：

（1）法兰西第二帝国的建立、繁荣和垮台。

（2）奥地利帝国从昔日的辉煌走向衰落。

（3）俄国被英法两国击败，此后俄国不再向西方，而是向东方扩展其势力，即转向亚洲。

（4）意大利统一运动兴起。

（5）德意志统一运动兴起。

可以看出，这五组事实完全改变了欧洲的面貌。法国，在暂时升至头等重要地位之后，就受到羞辱，失去了巨大的影响力。奥地利直到1850年一直是世界大国之一，对欧洲大陆所有事务都具有决定性的影响。对俄罗斯来说情况亦是如此，在很长一段时间内，俄罗斯几乎在整个欧洲都具有明显的影响力。但现在的情况证明，无论是在帝国的西南部，还是在德意志，它都无法取得任何新的进展，不得不在未开化的亚洲寻求新的征服领域。

[173] 最后，随着德意志统一和意大利统一以及它们的崛起，新的力量进入欧洲协调体系。

众所周知，欧洲协调体系不仅对欧洲大陆产生了影响，而且对英国、美国和远东地区的国际局势也产生了影响。发生这些重大变化主要缘于两个人的天赋、运气和精力，德意志的俾斯麦和意大利的加富尔（Camillo Benso Conte Cavour）。如果再加上类似的事件，那么我们已经穷尽了19世纪后半叶真正重要和有影响的事件的数量。这些事件虽然不是那么全面，但几乎同等重要，诸如迪科（Francis Deak）统一匈牙利以及多瑙河众公国和一些王国（罗马尼亚王国、塞尔维亚王国、保加利亚公国等）的崛起。

正如我们所了解的，路易·拿破仑当选为法兰西第二共和国的总统，在1851年12月2日的政变（coup d'état）中成为法兰西皇帝，史称拿破仑三世。在近代史上，很少有人能比路易·拿破仑更可怜，同代人对他的判断被引入歧路。作为伟大的拿破仑一世的继承人，他给全国人民留下了深刻的印象，人们对他的赞赏与其真正的功绩完全不相称。拿破仑三世既不是天才也不是实干家。他是一个奇怪的结合体，既是梦想家，又是坚持不懈的工人。拿破仑三世缺乏一个统治者所必备的主要品质，也就是说，在对待他那个时代的重大事件和主要人物方面，他缺乏区别轻重缓急的能力。他脑子里几乎所有的理想都是不切实际的，都无益于他的王朝和臣民。拿破仑三世［174］奉行民族主义政策，梦想着建立统一的民族国家，把时间、金钱和权力浪费在一个既不能带来荣誉也不能带来好处的梦想上。

自从拿破仑大帝将之统一为意大利王国以来，意大利人就从未放弃恢复半岛统一的想法。这个想法早在一千多年前就已经存在于他们的头脑和心灵中。意大利最伟大的思想和人物都曾在无数的书籍、文章、诗歌和行动中试图为恢复意大利统一铺平道路，无论是军队将领、思想家、诗人还是实干家。然而，所有这些尝试都是徒劳的。这是历史上最深刻的教训之一，公元前，在罗马人的统治下，意大利曾一度成功地统一了整个西方世界，但在罗马帝国于公元5世纪灭亡后，意大利却根本无法实现自己的统一。

必须补充的是，这是一种非常奇妙的历史教训，即意大利在公元前给欧洲世界带来统一，但在公元后连自己的统一都无法保证。到19世纪，欧洲列强（主要是法国）使意大利获得了统一。因此，毫不夸张地说，从前是意大利给予世界以统一，而19世纪则是世界将统一给予意大利。

令人奇怪的是，意大利人自己的兵力严重不足。就像所有神经过敏的人一样，意大利人的性格中有着最惊人的矛盾性。在私人生活方面，没有哪个民族比意大利人更富有戏剧性。然而，他们从未创作出［175］任何高水准的戏剧文学。在公共生活中，没有比意大利人更热情的政治家了。他们惊人的聪明才智、冲劲和勇气似乎预示着全国性行动或大规模的协同行动。

而事实上，上个世纪的意大利人始终不愿采取大型而公开的行动。他们最伟大的政治家加富尔，没有采取俾斯麦或诸如加里波第（Giuseppe Garibaldi）这样容易冲动的意大利人的方法，而是始终不渝地坚持与公开战争和军事行动完全相反的方法。正如我们所看到的，在前面提到的反应时期，意大利人就试图通过秘密社团、匿名起义和匿名政治谋杀来实现统一。要说服意大利人民全体一致地团结起来反抗似乎是不可能的。

在充分肯定天主教会对世界其他地区的巨大贡献的同时，不可否认的是，在19世纪以及这之前的几个世纪，教宗制度阻止意大利人采取任何重大行动实现意大利的统一。教宗的诸邦国占据了意大利的中心地带，将整个半岛一分为二，由一个既不是单一制的民族国家也没有足够强大力量提供保护的邦国共同体将其连接起来。正如马基雅维利（Machiavelli）所指出的，意大利政治中的"第三主体"一直是意大利分裂的真正原因。在过去，教宗们经常求助于外国君主，以挫败意大利各亲王或邦国首脑为确保意大利统一所做的任何尝试。现在加富尔扭转局面，在与教宗的较量中占了上风。教宗们几个世纪以来一直用作剥夺意大利统一优势的政策，现在被加富尔用来确保［176］统一，尽管教宗和意大利较小的君主都反对统一。

众所周知，俾斯麦在许多方面采取了与加富尔截然相反的政策路线，我们将在随后的章节中看到。俾斯麦也致力于德意志的统一，但他坚信统一只能通过"血与铁"来实现，事实证明他是正确的。另一方面，对英国、法国和意大利历史进行过深入研究的加富尔，却对同一个问题提出了完全不同的解决方案。在没有完全抛弃那些更有进取心的爱国者的情况下，他决定通过如下方法来确保意大利统一的实现，即首先使意大利统一这一伟大目标符合法国的利益，其次符合英国和普鲁士的利益。加富尔正确地估计到，一旦欧洲各大国，或者他们中的大多数，对意大利统一感兴趣，他们的联合力量就会迫使奥地利、教宗或那不勒斯国王等所有反对派屈服。正如1830年的比利时革命，当时比利时想成为独立的国家并且取得了成功，因为英国还有其他强国都希望看到比利时从荷兰分离出去。

加富尔的深度外交在很大程度上得到了意大利最极端的激进分子、煽动家和爱国者的支持。这是伟大政策的一个永恒标志，即表面上与之对立的情况实际上有利于其取得进展。很难想像什么样的矛盾能够超过加富尔那谨慎、审慎、狡猾的政策与烧炭党分子夸张的狂热情绪之间的矛盾。一些烧炭党分子如马志尼（Giuseppe Mazzini）、奥尔西尼（Felice Orsini）和其他人都坚信，［177］与外交谈判相比，使用匕首和炸弹能更迅速地实现意大利的统一。

然而，正是这些极端分子和激进分子从根本上帮助了加富尔。1858年7月加富尔与拿破仑三世建立秘密联盟，这一巨大胜利完全归功于同年1月奥尔西尼采取的孤注一掷的行动。几句话就能清楚地说明这一点。事实上，从严格意义上来说，作为一个意大利政治家，加富尔只是撒丁王国，伦巴第西部一个小小的且毫不重要的国家的首相。与其他许多周围被强国环绕的小国所采取的外交政策如出一辙，萨伏伊（Savoy）王朝或皮埃蒙特-撒丁尼亚（Piedmont in Sardinia）王国的国王们（以前是神圣罗马帝国的公爵），外交政策一向极其微妙和谨慎。加富尔深谙外交控制手段并将其发挥到极致。他希望能说服拿破仑三世与奥地利开战，自维也纳会议以来，奥地利一直是意大利境内最重要的军事力量。奥地利几乎占领了意大利北部除撒丁岛以外的全部地区，并在半岛的其他地区占据优势。撒丁国王单枪匹马无法成功对付奥地利，意大利其他君主联合起来对抗奥地利的希望也不大。因此，必然需要来自法国的军事援助。

对于加富尔来说，英国和普鲁士在这件事上给予道义上的支持就足够了，而两国在这方面确实做了大量工作。早在1854年，英法开始发动针对俄罗斯的克里米亚战争时，为了使他们对意大利心存感激，加富尔派遣相当数量［178］的意大利军队到克里米亚，充当联军的辅助部队。

决定性的事件是奥尔西尼试图行刺法国皇帝拿破仑三世失败。早在成功登上法国王位之前，当他还是一个流浪的冒险家时，拿破仑三世似乎曾向意大利爱国者承诺，只要抱负能成功实现，他就会向他们伸出援助之手，结束意大利的政治和社会无政府状态。毫无疑问，拿破仑三世非常认真地对待这些承诺。和拿破仑家族的所有成员一样，他对意大利人有着深切的同情心。而且，他的总体政策使他把自己早期对意大利爱国者的承诺作为一项既实际又崇高的政策的一部分。

但由于国内和外交政策的紧急需要，即1854年至1856年与俄罗斯的大战，他未能实现自己的承诺。对于意大利爱国者方面多次的暗中提示，他都闪烁其词。这些爱国者一直威胁他，声称除非他兑现1857年秋天对意大利所做的承诺，否则将杀死他。这些爱国者中最坚决的是奥尔西尼。他从伦敦出发前往巴黎，决心结束拿破仑三世的生命。

1858年1月14日晚上，奥尔西尼与几个同伙在巴黎歌剧院附近的一条街道上伏击拿破仑三世，当时拿破仑三世和他的妻子欧仁妮（Eugénie）以及其他宫廷成员正在休憩。奥尔西尼和他的同伙向皇帝的马车投掷几枚炸弹，炸死炸伤140多人，但皇帝和他的妻子毫发无损地逃脱。奥尔西尼在狱中表现得［179］极为英勇。拿破仑三世确实很想赦免他，但赦免这些刺客似乎并不明智，法国民众的愤怒太强烈了。奥尔西尼让皇帝答应法国军队将开进意大利并与奥地利开战。在得到拿破仑的正式承诺后，奥尔西尼平静地登上了断头台。

拿破仑三世不再怀疑意大利爱国者不断发出的威胁的严重性。假借到法国中东部的普隆比埃尔（Plombières）避暑地疗养的幌子，他与加富尔举行会晤。双方在此达成正式的同盟关系，并承诺法国和撒丁王国会尽早对奥地利发动战争，战争胜利结束后，奥地利在意大利的权力也将被终止。

如前所述，拿破仑三世关于民族主义原则的想法是真心实意的。他深信，在意大利和其他国家分散的领土之间建立一个相对较大的统一体只会带来好处。但他个人并不赞成整个意大利半岛的统一。当时，法国许多外交家和政治家曾经警告他，整个意大利的统一必然会对法国的威望和权力产生不可避免的影响。他们说，意大利一旦统一，将成为德意志和欧洲其他地区统一的序曲，法国将不可避免地承受一系列新兴的强大民族国家崛起所带来的影响。拿破仑三世并不否认［180］这些观点。

然而，他希望将意大利人的爱国热情控制在一定范围内，使意大利不是萨伏伊王朝统治下的一个王国，而是法兰西宗主国统治下的四个王国。加富尔凭借他的狡猾和外交手腕让拿破仑三世相信了这个完全错误的观点。加富尔本人非常清楚，一旦奥地利在意大利的权力被打破，同时得到法国和英国的友谊和道义上的支持，就没有什么能阻止意大利人建立起统一的君主国。拿破仑向奥地利宣战，战争在1859年的战役中很快结束，其中最重要的两次战役分别发生在米兰附近的马真塔（Magenta）和曼图亚附近的索尔费里诺（Solferino）。奥地利军队尽管一点也不亚于法国军队，但其指挥官却很糟糕。几次失误就足以使奥地利在这两次战役中全面失败。意大利人满怀热情，想迫使拿破仑三世继续征战，希望把奥地利人从意大利完全赶出去。

然而，此时拿破仑三世对意大利风起云涌的民族热情感到恐惧。为了控制局势，他在维拉弗朗卡（Villa Franca）小镇与奥皇匆忙签署停战协定。根据《维拉弗朗卡停战协定》，奥地利人仍将在意大利保有威尼斯领土，奥将伦巴第交给拿破仑三世然后由法国再赐予撒丁岛国王。意大利人因为失望而感到极其愤怒。他们认为，与奥地利人相比，拿破仑三世才是他们更大的敌人。他们声称，只要再打一场战役，就可以保证［181］意大利取得统一，而这场战役的胜利几乎是毫无疑问的。他们这么说并不是信口胡言。他们斥责拿破仑三世幼稚地害怕教宗庇护九世的愤怒，说他企图使意大利保持旧的无政府状态。加里波第和意大利其他爱国者，特别是马志尼，出版无数的小册子呼吁意大利人民团结起来赶走敌人。

加富尔继续坚持其外交政策，尽管疾病、过度劳累以及长期保持紧张状态和进行外交谈判等巨大压力快要将他击垮，他仍然设法在拿破仑三世的动摇、奥地利人和教宗的敌意以及极端分子的过度激进的主张之间保持平衡。

加富尔于1861年6月去世，当时意大利的统一已成定局。加里波第领导下的爱国者们在西西里和那不勒斯采取大胆行动，与意大利南部的人民进行接触并使他们妥协。意大利各地区接连宣布支持埃曼纽尔（Victor Emmanuel）（当时只是伦巴第王国的国王）成为意大利国王。1866年，不可避免和必然出现的意大利统一终于得到实现。尽管当时在利萨（Lissa）海战和库斯托扎（Custozza）战役中被奥地利从海洋和陆地两方面击败，埃曼纽尔仍然成功地对当时仍在奥地利手中的威尼斯地区提出领土要求。到1866年8月，除了罗马城，整个意大利都在意大利国王埃曼纽尔的统治之下。在普法战争开始几周后，意大利人开进罗马城，意大利从此成为统一的君主制国家。

上世纪五六十年代的事件充分证明了加富尔政策的正确性。他［182］认为，"意大利将独自完成这一切"是一个有用的战争口号，但从历史和外交角度来看，这句名言是最大的谎言。使半岛统一的不是意大利，而是法国，在某种程度上还有英国、普鲁士。加富尔政策的结果给他个人带来了荣耀，正如后来俾斯麦政策的结果增加了德国人的荣耀一样。我们说，这是给加富尔个人带来了荣耀，他的政策更多的是颂扬他的才能而不是促进意大利的强大。

任何借助别的民族赢得自由和独立的国家，都不可能希望在她解放后的几十年就能够跻身真正的强国之列。假如意大利人在没有其他力量的帮助下，仅凭自身的力量赢得马真塔战役和索尔费里诺战役，就像希腊人在萨拉米斯战役中、英国人在与西班牙无敌舰队的战斗中，或者德国人在与法国人的战斗中的表现那样，那么，意大利的社会经济和政治重建毫无疑问将会更加快速。造就意大利的力量并不是她自己的力量。因此，意大利缺乏在至关重要的战场上取得胜利所能给国家带来的巨大推动力。

自从埃曼纽尔成为意大利国王以来，35 年的时光转瞬即逝。尽管意大利人一直在为国家的复兴作出巨大努力，尽管国际上礼貌地称意大利为一个强国，但事实上远非如此。国内天主教会持续不断且满怀敌意的鼓动使意大利元气大伤。其南部省份深受贫穷、抢劫之苦并完全缺乏［183］工业企业。其人口也因为移居南美的缘故而持续减少。此时的意大利离她的爱国人士所希望看到的那种强大还差得很远。

爱国人士希望在他们的敌人，特别是奥地利离开后意大利能够变得强大。当然，没有理由对意大利感到绝望。作为个体，意大利人民在许多方面都是欧洲最有天赋的。意大利在道德和智力方面的资源是无穷的。其在地中海中心的位置使她有可能在不久的将来取得巨大成功，但借助他人之手赢得独立这一原始错误，将在未来很多年内对她产生重大影响。

第十一讲 德意志的统一

[184] 德意志统一的历史在许多方面都是最有教育意义的历史篇章之一。因为德意志比大多数国家更早地结束了人类与自然长期而可怕的斗争,并最终取得了可观的甚至是最重要的结果。像欧洲其他所有国家一样,德意志人总是试图使国家的界限与语言的界限一样广泛。欧洲从来没有接受过罗马理想,正如我们将要看到的那样,一个欧洲合众国在近期或很久的将来都不可能,正如在过去的两千年里它也不可能实现那样。

欧洲目前由四十多个有高度组织结构的政治实体组成,每个实体都毫不妥协地坚持自己在语言、法律、风俗习惯及其他方面的独特个性。这些国家一直都试图将其成员国合并和统一起来,并将自己与邻国区分开来。欧洲的向心力一直居于下风,即使是最伟大的皇帝和征服者都发现,他们试图统一欧洲的梦想是短暂且徒劳的。

统一的工作是在一个高度分化的国家中把同一民族的成员聚集在一起的努力。[185] 欧洲各民族这一古老的历史努力在一些国家早已实现。英国人在中世纪早期就意识到这一点,现在的英格兰和威尔士早在1284年已经是一个国家。接下来是法国。为了把南部和北部、东部和西部统一起来,法国经历了若干大大小小的战争、战斗、战役、围攻、运动、阴谋、联姻、条约等等,实际上动用了与和平和战争相关的全部资源。最后,在波旁国王统治下，在17世纪早期（洛林在1766年划入法国版图），现代法国的所有地区都统一在一种统治之下，尽管人民的同质性还远未完全实现，正如我们在关于法国大革命的章节中所提到的。

在19世纪下半叶之前，德意志本身没有能力实现其统一。德意志主要是内陆国家，到目前为止还没有相当强大的海上力量。值得注意的是，内陆国家并不容易统一，即使一个共同的统治者也会使人民、臣民处于完全矛盾和分歧的状态。真正把人民团结起来的是海洋，法国早在17世纪就拥有相当强的海上力量。正是在这种情况下，法国对德意志有着巨大的影响力。在前几个世纪，被称作德意志民族神圣罗马帝国的各邦国很难形成一个明确的概念。从小领主到神圣罗马帝国的皇帝，所有的君主都对各自的臣民拥有君主权，[186]这些君主的数量之多令人吃惊。毫不夸张地说，在17世纪的莱茵河和易北河之间有着大大小小的君主，其数目超过1000个。

甚至在那时，人们也接受并支持关于德意志皇帝统治下的统一的神圣罗马帝国的故事，一个虚构的故事。皇帝既没有固定的也没有可观的收入，没有常备军和精锐部队。同时作为奥地利和匈牙利的统治者，除了多瑙河君主国，其他邦国的福祉对他来说不涉及任何切身利益。事实上，哈布斯堡王朝的皇帝们感兴趣的恰恰相反。德意志越是分裂成数不清的小邦国，就越没有能力有效地抵抗哈布斯堡王朝。1648年签订的伟大的国际条约，即所谓的《威斯特伐利亚和约》(Westphalian Peace)，确实加剧了德意志的无政府状态。根据该和约，瑞典和法国是德意志无政府状态的担保人或永久维护者。

在今天，人们几乎无法想像这种政治上的肢解对德意志统治所造成的恐慌、困惑以及难以置信的混乱。每个邦国都有自己的货币、风俗习惯、少量军队和独立的法律法规。国王的宗教信仰决定其臣民的信仰，而且德意志相当大一部分地区"在宗教权力的统治下"，属于强大的教会当权者，如科隆（Cologne）大主教、美茵茨（Mayence）大主教、特里尔（Trèves）大主教，以及班贝格（Bamberg）主教和维尔茨堡（Würtzburg）主教。这些小君主法庭的诉讼［187］以及向皇帝中央法庭的上诉通常会受到令人极其恼火的拖延，造成足以令人破产的花费。

在悲剧《阴谋与爱情》（Kabale und Liebe）中，伟大的德国诗人席勒向我们描绘了这些小暴君残酷和实施压迫的可怕画面。商业一片凋敝，德意志的城镇在14世纪和15世纪曾经达到的商业重要性早已不复存在。人们对自己的命运漠不关心。即便在1775至1783年北美独立战争期间，黑森伯爵（Landgrave of Hesse）把他们像奴隶一样卖给英国人与美国人作战时，他们都没有起来反抗。在17世纪，妇女的地位最低微下贱。17世纪从未有过任何过人智慧的德意志妇女，她们压根儿只是其丈夫默默无闻和无足轻重的伴侣。的确，在18世纪上半叶，德意志妇女的地位有了极大的提高。我们知道，在那个世纪的德意志伟大作家的生活中，充斥着许多精力充沛、知识渊博和富有教养的女性。

德意志人民因缺乏政治或经济统一而遭受苦难的素描，现在必须辅以一种更令人愉悦的画面。虽然在政治上处于瘫痪状态，无法摆脱三十年战争（1618—1648）结束以来笼罩在他们身上的僵局，但德意志人民仍有一个共同的伟大理想。正如他们自己所描述的那样，虽然德意志只是一个地理学表述，但"日耳曼国家"这个术语很快就开始［188］努力发挥作用。

简单来说，与英国和法国的统一相反，德意志的统一最初不是政治上的统一，而是思想上的统一。德意志人民在政治上各不相同，就好像他们彼此完全是外国人。然而，从思想上来说，他们从18世纪下半叶开始已经感觉自己是一个民族，认识到他们的语言在科学和文学作品中的巨大价值，从而有了德意志民族的意识。尽管这种意识仍然缺乏政治上的统一，但它为政治统一奠定了基础。

从这个意义上说，德国文学史对史学家来说甚至比法国或英国文学史更重要。第一次利用德语无与伦比的资源所创作出来的作品，可能是对德意志民族意识的最大激励。直到18世纪中叶，在德意志境内出版的所有最有价值的作品仍然使用拉丁语或法语书写。在18世纪下半叶，莱辛、赫尔德（Johann Gottfried von Herder）、歌德、维兰德（Christoph Martin Wieland）、席勒和其他许多德意志作家在他们的作品中——其中许多作品将名垂青史——显现出德意志语言惊人的力量。它能够适应散文和诗歌，能进行最高层次的哲学研究，也能用于最低层次的喜剧创作，在叙述、教诲和描述风格上拥有相似的力量。

当这些作家的狂热读者清楚地认识到这一切时，德意志人民感到他们的历史已经开启了一个新的时代。正如16世纪宗教改革的精神革命带来了［189］德意志人民的精神统一，18世纪上半叶和19世纪前三十年不断增加的德语经典作品逐渐加深了德意志人民对一个事实的认识，即他们在学术上也迅速团结起来。

1805年到1807年，拿破仑对德意志人民所造成的灾难（我们在前几章已经讲过）使每个德意志人都认识到，一个民族不能只有学术和精神的统一，还需要更多别的东西。政治上的统一是必要的，对所有的德意志民众来说，巩固政治大厦的团结统一以便从容地从精神和学术统一中受益，现在已经不仅成为他们的梦想，也成为所有人的实际利益。当时的真正问题不在于是否应该尝试德意志的政治统一（因为在这一点上，所有讲德语的邦国都是一致的），而在于应该由德意志的哪个邦国来实现统一。

正如我们所看到的，哈布斯堡王朝或奥地利即便在1815年也对所谓的德意志邦联发挥着相当大的作用。直到1850年，作为哈布斯堡王朝唯一对手的普鲁士国王都无法在德意志邦联中取得任何优势或霸权，很多人希望由奥地利来统一德意志。因此，德意志民众在19世纪下半叶必须解决的问题是，他们的政治统一是来自德意志南部或奥地利（他们精神和学识同一性的出处），还是来自德意志北部［190］或普鲁士。到目前为止，除了建立几所大学外，普鲁士对这个民族的学识复兴几乎没有做出什么贡献。在1806年和1807年，普鲁士也证明自己完全毫无能力、缺乏组织且颓废不堪。有些人希望由奥地利来实现德意志统一，他们对这个国家本质的理解极其错误。

由于一些莫名的原因，哈布斯堡王朝从来没有能够将其统治下的各个邦国统一成一个真正的联邦。他们总是能够使各邦国聚集在一起或形成外部的联合。他们同化或团结帝国中不同种族的唯一手段就是与天主教会结盟，从而确保某种统一。然而，很明显，尽管拥有令人钦佩的集权制度和实现思想和情感统一的强大力量，天主教会却不能产生那种政治的、内部的或民族意义上的统一，而在近代恰恰只有这种统一才能赋予国家真正的权力。奥地利，或者更确切地说哈布斯堡王朝，在努力实现政治和民族统一方面从来都没有成功过。但在19世纪后半叶，许多爱国的德意志民众希望看到由哈布斯堡家族来实现自己国家的统一。

为了非常清楚地理解这一重要观点，我们必须先回顾一下某个战争时期，这场战争发生在本报告所述时期的很久之前，但战争的影响直至今天仍然非常明显。这场战争就是著名的西里西亚战争。[191]该战争从1740年一直持续到1763年，其间曾中断几年即1748年至1756年。1741年，凭借将军们在莫尔维茨会战中取得的胜利，普鲁士国王弗里德里希大帝从奥匈帝国统治者特蕾西亚手中成功获得西里西亚这个富饶的大省。

从我们现在的观点来看，接下来的所有战役以及直到1763年和平之前的无数战斗都可以忽略不计。这些战役数量众多，其中一些虽然非常有名，但无论如何都无法改变莫尔维茨（Mollwitz）战役的结果及影响。因此，就我们目前的目的而言，它们完全可以被忽略。通过征服西里西亚，弗里德里希大帝获得了一个讲德语的省，并得以在领土和民族意义上使普鲁士拥有完整的领土。当时，普鲁士的居民几乎没有不讲德语的，讲德语的人几乎构成了普鲁士人口的全部，因此普鲁士的民族性实际上是完整的。

另一方面，特蕾西亚丧失西里西亚影响了奥地利后来的整个历史。因为在1740年，当弗里德里希大帝从特蕾西亚手中夺取西里西亚之前，奥地利帝国的大多数居民都是德意志人。在那时，奥地利既不曾拥有加利西亚（Galicia），也不曾拥有布科维纳（Bukovina），既没有波斯尼亚（Bosnia），也没有意大利的威尼西亚（Venetian）。德意志人口在奥地利本来在数量上仍占优势。

但由于西里西亚的丧失，德意志人在奥地利人口中的优势地位没有了。为了弥补其领土损失，特蕾西亚被迫向东寻求补偿，也就是说，征服欧洲没有[192]德意志元素的地区。它于1772年和1775年分别获得加利西亚和布科维纳，于1797年通过《坎波福米奥条约》（Treaty of Campo Formio）获得意大利的威尼西亚等等。奥地利确实获得了一些省份，但其领土上居住着全然不同的民族。

由此可以看出，西里西亚战争给奥地利的心脏地带埋下了长期分裂的种子，使得奥地利直至今天都无法将人民团结成统一的政治体。弗里德里希大帝不仅剥夺了奥地利的一个省，而且在某种意义上剥夺了奥地利的所有省份，因为奥地利从未真正同化过这些省份。这是由于奥地利失去了曾经占优势地位的德意志臣民，并且再也无法恢复。普鲁士分别于1772年、1793年和1795年参与瓜分波兰，获得波兰三部分国土上的各种民族成份，但仍是德意志各邦国中德语居民占优势的强国。在1815年维也纳会议后，普鲁士获得莱茵河沿岸的几个大省，它的民族统一性已经远远超过了奥地利，虽然它的东部领土也出现了分裂。

根据前面的情况可以明显地看出，普鲁士1850年在德意志统一的工作中所处的地位要比奥地利有利得多。因为普鲁士本身占据了德意志相当大的一部分领土，她的臣民是德意志民众，语言上完全统一，宗教上也基本一致。她所缺少的只是一个伟大的政治家，一个凭借天赋和运气有可能实现那个古老希望的政治家。而在奥地利，即使最伟大的政治家也不可能在奥地利以外的地方即［193］在德意志实现这一愿望。在过去的三个世纪里，一批又一批的统治者和政治家即使在奥地利本土都未能实现这一愿望。奥地利的民族构成反对着任何试图实现德意志统一的政治家。

德意志的民族构成则十分支持普鲁士。普鲁士所需要的就是一位伟人，而奥地利即使有伟人掌舵也不可能有什么作为。根据这个时代的事件，我们可以清楚地看到，任何希望看到奥地利实现德意志统一的想法都注定要失败。奥地利既没有强大的、组织得力和协调一致的军队，也没有正规和充足的国库。她在文学、科学、艺术或任何其他知识或精神领域都没有民族力量。没有这些助力，即使是最伟大的政治家也只能一筹莫展，毫无建树。

另一方面，普鲁士从1807年开始就通过了许多非普鲁士政治家，如施泰因男爵、哈登贝格、沙恩霍斯特、阿尔滕施泰因（Baron Altenstein）等人推行改革措施。普鲁士还通过科学和文学作品在法律系统、高校、军队、国家财政中创立一种国民教育体系，使其处于高效运转状态。这样，如果能运用巧妙、及时和成功的外交手段，一位伟大的政治家确实可能取得很大的成就。

对许多史学家来说，究竟是雅典成就了地米斯托克利还是地米斯托克利成就了雅典，这个古老的问题一直无解。然而，巧合的是，我们发现，历史上任何一个真正的伟大人物，他可能的职业生涯早就由他所属的［194］邦国或民族决定好了。这非常奇怪但无疑却是很有规律。我们现在的情况就是这样。不可否认，从俾斯麦开始掌权到普鲁士国王威廉一世对他的完全信任，俾斯麦的影响力在这段时间里以及在普鲁士以及德意志历史上起着决定性的作用。

然而，同样可以肯定的是，如果没有路德（Martin Luther）、梅兰希通（Philipp Melanchthon）、布伦茨（Johannes Brenz）等人先前采取的改革措施，没有德意志人民更加伟大的文学和艺术之光带来的学识上的统一，更不用说普鲁士那些伟大改革者通过不懈的、不求回报的努力成功地使普鲁士恢复昔日的伟大地位，仅凭俾斯麦的才能，任何事情都做不成。俾斯麦如果在维也纳，也会像施默林（Anton Ritter von Schmerling）或博伊斯特（Friedrich Ferdinand von Beust）伯爵一样束手无策。俾斯麦的才能是伟大的，但对他来说，我们也可以运用"历史在很大程度上受事件发生之环境的影响"（Est locus in rebus）这一伟大的历史规律来进行解释。

从1848年欧洲革命到19世纪50年代末，在对德意志的影响方面，普鲁士仍然被认为次于奥地利。对普鲁士军队来说，进攻奥地利毫无胜利的希望。与此同时，自1806年耶拿大败以来，普鲁士军队一直在进行改革和改进，以成为欧洲首屈一指的战斗工具，并且正如后来发生的事件所证明的那样，普鲁士军队比大多数欧洲军队都要优越。1859年，奥地利被法国打败并被剥夺在意大利的大部分领土。与此同时，匈牙利人对奥地利的不妥协立场[195]使奥地利的内部安全问题更加严重。

一些普鲁士政治家对多瑙河君主政体与普鲁士的关系产生了新的看法。俾斯麦是当时行动派中最重要的一个。俾斯麦来自德意志北部的一个小家族，既没有丰厚的财富也没有显赫的人际关系。他最大的优点就是非凡的政治才能。一段时间以来，我们已经掌握了他的信件和他的演说辞，这使我们有可能对这位伟大的政治家的一生进行建设性的观察。我们也许有资格用几句简洁的词语来概括他的特殊才能。

毫无疑问，俾斯麦是一个了不起的人物，而纯粹的人格在历史上一直被证明是一种力量。但是，除了难以分析的性格和魅力，还有高大威武的身材、强大的力量和富于表情的面孔，我们还必须始终强调一点，即俾斯麦在处理重大政治事务方面具有非凡的技术才能。首先，他所采取的所有外交措施和其他行动，都是基于他需要处理的人员和情况的详细信息，很少有政治家有能力处理这些信息。俾斯麦对普鲁士和近代历史上有影响的人物都了如指掌，因此对欧洲总体政治形势有一种罕见的洞察力。他精通法语，也能说一口流利的英语。不仅如此，后来担任驻俄罗斯大使时，[196]俾斯麦又掌握了俄语。关于欧洲主要国家的王朝和政治局势，俾斯麦通过自学和有见识的阅读获得了丰富和准确的知识，以至于他比大多数直接或间接处理政治事件的人更了解政治事件的趋势和特征。

　　在他的一生中，我们一直被这种信息的可靠性所震撼。这很自然，有如此充分而严密的基础，俾斯麦不可能不得出合理而持久的结论。因此，他很少在行动策略上犯错误，尽管在其一生的各个时期，俾斯麦的行事风格是否智慧受到了身居要职者的挑战、怀疑、攻击甚至嘲笑。事实上，尽管俾斯麦的胜利只是德意志统一前一系列历史事件的最后一幕，但如果没有俾斯麦的智慧和才能，德意志统一的漫长历史的最后一部分可能会在1871年之后很久才能完成。如果我们意识不到这一点，就是在罔顾历史真相。毫无疑问，俾斯麦确实促成了一项必然发生的政治运动，但这一运动仍然依赖于综合环境，而这种综合环境只有优秀的政治家才有能力关注到并加以利用。

　　在这个时代，德意志历史上最伟大的事件所激发的热情尚未消退，我们每年都会看到德意志教授撰写的不同著作。它们讲述现代德意志的起源时，要么仅仅追溯到皇帝威廉一世，要么追溯到某个无名［197］但"具有极度重要"影响力的小邦国君主。

　　另一方面，有些著作则只追溯到俾斯麦。洛伦茨（Ottokar Lorenz）教授支持前一种观点，无数的德意志作家支持后一种观点。但我们认为，这两种观点都站不住脚。像所有伟大的历史事实一样，德意志的统一由包括无数特殊现象在内的普遍而广泛的原因，并经过数代人的时间促成，但是最后由一个人凭武力强制性完成。可以肯定的是，那个人不是威廉一世；同样可以肯定的是，那个人是俾斯麦。

　　深入研究俾斯麦的时代，我们发现，通过最谨慎地实施普鲁士的外交政策，俾斯麦牢牢抓住了在普鲁士占统治地位的情况下实现德意志统一的必要性。他深刻地知晓，仅仅靠思想的引进或学术传播无法完成这项伟大的事业。俾斯麦明白，这主要是一个外交和战争的问题。他在信件中和演讲中明确指出，尽管一些民族可能通过条约或缓慢的相互同化实现民族统一，但他理所当然地认为，如果不建立一支强大的军事力量，德意志就不可能实现其夙愿。他那句名言"历史是由血和铁铸造的"含义正在于此。

没有人比俾斯麦更欣赏意大利统一者加富尔。同样，也没有人比俾斯麦更清楚地认识到迪科（Francis Deak）在以和平的方式实现匈牙利统一方面的卓越功绩。但是，没有人能比他更清楚地认识到［198］加富尔或迪科所要解决的问题。他们的目标与俾斯麦的目标相同，但性质却大不相同，因此实现的手段也不相同。正是这种对建立德意志统一的真正需求的清晰洞察，成就了俾斯麦的伟大。

诚然，他的全然成功为他的名声和政策增添了非凡的光彩。然而，促使我们承认俾斯麦是最伟大的政治家之一的，并不是俾斯麦的成功，而是他政治手腕中的智慧和克制。无论是国内还是国外的挫折永远不会使他气馁，即使是在外交领域或外交谈判中取得最大胜利，也不会诱使他采取过分的行动。我们必须钦佩他的勇气和克制，也许正是克制这一品质使他永远成为一名模范的政治家。俾斯麦对手众多。众所周知，弗里德里希三世的皇后，即维多利亚女王的女儿，就是俾斯麦的死敌。

另一方面，德意志史学家蒙森（Christian Matthias Theodor Mommsen）对俾斯麦也同样持续地怀有敌意。毫无疑问，这位伟人生活的世界充满了种种针对他本人和事业的阴谋诡计。俾斯麦所取得的最大成功并没有说服弗里德里希皇后承认自己是错误的。他所有的敌人和对手都在密谋削弱这位巨人的实力，但一切都是徒然。

　　和所有伟人一样，除了拥有最罕见的强健体魄之外，俾斯麦也拥有非同寻常的好运。同法国最伟大的首相黎塞留和马萨林（Jules Cardinal Mazarin）一样，俾斯麦无论在什么样的情况下都可以［199］依靠其君主坚定不移的信任和友谊。与之相比，所有嫉妒和羡慕都不足为虑。当然，皇帝并不总是同意俾斯麦的意见或支持他的想法。事实上，在1864年、1866年和1870年，皇帝非常不愿意接受这位伟大首相的政策。但是，无论多么不情愿，皇帝最终还是同意了。公平地说，如果没有这位君主始终如一的坚决支持，俾斯麦不可能抵挡住阴谋集团为削弱其地位而一直采取的小动作。

　　在讲英语的国家，更不用说在法国，大家对俾斯麦的普遍印象是：他是一个严苛的人，没有人情味，只遵守政治利己主义的法则。这种说法有许多夸张之处。俾斯麦既不严苛也不残忍。确实，他很强势，知道采取严厉措施的必要性。但无论在私人生活中（包括与家人的关系和与为数不多的私人朋友的关系，其中包括美国史学家莫特利），还是在公共生活中，他总的来说是一个不偏不倚很客观的人。俾斯麦整个人就是"务实政治"（Sachpolitik）这一德语词汇最典型的代名词，即遵守真正的、客观的国家利益，不掺杂任何个人的喜恶。

　　在他的个性中绝对有两个可取之处。首先，他相当幽默，内心平静。对于现代人来说，即使是黎塞留和马萨林也缺乏这种舒缓气氛的能力，因此他们显得有些生硬傲慢。俾斯麦有一种典型的［200］北德意志民众的幽默。这种幽默与其说令人愉快，不如说令人生畏，但它无疑有助于我们将这个世界上一些粗鄙的东西进行合理的安排。在萨多瓦战役（德国史学家通常称之为克尼格雷茨战役）的紧急关头，俾斯麦急切地想知道总参谋长毛奇

（Helmuth Karl Bernhard von Moltke）如何看待交战可能发生的情况。在靠近这位沉默寡言的老将军时，俾斯麦并没有提出令人焦虑的问题，而是把自己的雪茄盒递给他，观察毛奇如何挑选雪茄，这无疑是一种最好的幽默。当毛奇仔细检查这些雪茄并发现其中最好的一支后，俾斯麦明白，这场战役对普鲁士来说令人满意，他微笑着离开毛奇。

俾斯麦的另一个更令人满意的性格特点是他特别坦率。他既不伪善也不虚伪。俾斯麦从来没有说过他在政治上是正义的，他曾经真诚地说"我们普鲁士人不在道德上讨人欢心"。这句话用直白的英语来说，即意味着普鲁士人是自私、偏执和无情的战士。这种坦率常常使他的外交对手迷惑不解，甚至误入歧途。他们无法相信这一点，因此总是在这种明显的坦率背后寻找其他动机。事实上，俾斯麦相当坦率，完全摒弃过去外交方面的两大技巧：掩饰和沉默。对于那些天生忸怩和不坦率的人来说，这种坦率令人反感，这很正常。另一方面，同样可以肯定的是，[201]高贵和刚毅的品质增加了而不是降低了俾斯麦的伟大。大多数人在自己的生活中既不会也不能拥有和实施这种品质。

到目前为止，我们已经看到，俾斯麦的成功是基于以下条件：充分了解他成功所必需的全部要素和细节，拥有一种最强大且最真诚的人格，加之有其君主持久不变的友谊。现在，我们可以来看看他三次伟大胜利的细节情况。这三场战争我们指的是1864年与丹麦的战争、1866年与奥地利的战争以及1870至1871年与法国的战争。

我们将普丹战争称为一场胜利，尽管从军事角度来看，这并不是普鲁士的荣耀。普鲁士在奥地利的帮助下对弱小的丹麦采取行动，即使取得重大胜利，也几乎没有任何特别的荣耀。不仅如此，众所周知，普鲁士军队在1864年并没有表现出她在另外两场战争中所具有的那种优势。我们称普丹战争为俾斯麦的胜利，因为他采用深思熟虑的策略，目的是使奥地利卷入进来并与奥地利相互妥协，从而引发第二次战争。

简而言之，事实是这样的。丹麦南部的两个公国即石勒苏益格（Schleswig）和荷尔斯泰因（Holstein）。当时和现在一样，这两地居住的民众大多讲德语。尤其是他们控制着基尔港，这对普鲁士来说至关重要。普鲁士必须拥有这个港口，以便通过在基尔和易北河之间修建一条运河（正如后来所做的那样），确保对波罗的海和北海的控制。当时，奥地利和普鲁士仍然是德意志邦联的两个成员国。奥地利肯定［202］不会让普鲁士独霸石勒苏益格和荷尔斯泰因这两个公国。与所有的强权一样，德意志对小民族也是横加欺凌。他们对丹麦不断的、公正的指责置若罔闻。而丹麦没有给德意志任何一位君主一点不快或引发战争的理由，更不用说对德意志邦联了。

使奥地利卷入一个她可能不感兴趣的问题，从而对其施加外交影响，这是俾斯麦的目的所在。同样，他的目标是在重大国际问题上谨慎行事，试探欧洲是否会干涉德意志的计划。普鲁士的大多数政治家都坚决反对俾斯麦的丹麦政策，他们担心英国（威尔士王妃是丹麦国王的女儿）会直接干涉。但俾斯麦认为，无论是英国还是俄罗斯都不会干预此事，整个计划的唯一结果，就是让奥地利参与到一项对她来说徒劳无功且令人尴尬的事情中。结果证明俾斯麦的想法是正确的。

俾斯麦大功告成。丹麦人最终被迫屈服，奥地利和普鲁士共同管理这两个公国。俾斯麦正确地推断出，这种共同管理的方法只对邻近该公国的普鲁士有利。共同管理只会导致摩擦，从而给他提供一个处理与奥地利纠纷的新借口。当事情进展得不够迅速时，俾斯麦强迫奥地利签订了一项条约，即1865年8月14日的《加斯泰因条约》(*Treaty of Gastein*)。根据该条约，两公国为普奥共有，普鲁士管理石勒苏益格，奥地利管理荷尔施泰因。该条约表面上[203]结束了两公国行政管理问题上可能引发的摩擦，但事实上，就其性质而言肯定会引发更加严重的纠纷。

正如俾斯麦所预料的那样，奥地利发现自己受到了不公正对待，于是1866年的战争就成为俾斯麦毫不犹豫挑起的意外事件。当时，俾斯麦既要与他在柏林宫廷的众多对手作斗争，又要与顽固的普鲁士议会作斗争。议会成员完全不懂事情的紧急性，拒绝俾斯麦提出的为军队提供补给的建议。他被迫去寻找使军队保持良好状态的方法，并通过国王签署的专制法令来扩充军队。俾斯麦当时（1863—1865）成了普鲁士最不受欢迎的人。然而，俾斯麦坚持了下来，因为他清楚地看到，与奥地利的战争不可避免，只有通过这样一场战争才能成就德意志的命运并保证普鲁士的优势地位。

如前所述，当时的普鲁士皇帝威廉一世非常反对与奥地利的战争，俾斯麦费了九牛二虎之力才说服他。另一方面，总参谋长毛奇则对击败奥地利军队充满信心。事实上，奥地利军队的失败对每一位专家来说都是意料之中的事情。奥地利军队存在着普遍的缺陷，即军队中存在多种语言和多个种族，由此导致军中缺乏统一性和凝聚力。对所有军队来说，这绝对是致命性的弱点。此外，当时的奥地利军队仍然装备着老式步枪，使用的是前装式步枪，上膛时没有任何掩护。[204]普军使用的是后装式步枪，使用方便。因此普鲁士步兵的射击速度是奥地利士兵的6倍。

对于思考政府行为方式的普通观察家来说，最大的困惑就是：官僚政府如何做到即使在面对最危险的情况时也几乎不愿采取改革措施。普鲁士军队装备精良的事实早已为奥地利和大家所熟知，但奥地利方面却没有人试图改进奥地利步枪。

此外，奥地利军事组织还犯了另一个毛病，那就是无法做到知人善任。他们总是把错误的人放在正确的地方，把正确的人放在错误的地方。我们在前一章看到，俾斯麦早就向意大利承诺帮助她实现统一，因此在1866年初与意大利政府签订了攻守同盟条约。根据条约，普鲁士在波希米亚攻打奥地利时，意大利必须在伦巴第攻打奥地利。当时，奥地利将军贝内德克（Ludwig von Benedek）根据其长期的经验，对伦巴第有非常全面的了解。毫无疑问，他能对意大利发起一场成功的战役。另一方面，奥皇的叔父阿尔伯特（Archduke Albert）大公对波希米亚的了解非常权威且非常有用，本来能够确定无疑地在波希米亚反击普鲁士的行动中发挥值得称道的作用。在那场战争中，贝内德克本应该获得伦巴第大区总司令的位置，因为他对伦巴第了如指掌，而阿尔布雷希特大公本应担任波西米亚的指挥官，因为他对波西米亚[205]非常熟悉。但根据奥地利人一贯的智慧，波希米亚的指控权被交给了对波希米亚一无所知的贝内德克将军，阿尔伯特大公却被派到意大利，而意大利那支人数不多、未经训练的军队根本不需要他在场。

这一重大失误的军事后果立即显现出来。贝内德克将军在波希米亚东北部遭到毛奇和普鲁士王储率领的两路普鲁士部队的夹击，立即惊慌失措。由于一系列的战略失误，他在一些小的交战中失利，最终在1866年7月3日的萨多瓦战役或称克尼格雷茨（Koeniggraetz）战役中被迫仓促撤退。普鲁士人立刻紧随其后，占领摩拉维亚，并向维也纳挺进。

　　正是在那个时候，俾斯麦的伟大和作为真正政治家的才能以最辉煌的方式熠熠生辉。普鲁士军队及其所有将领连同普鲁士国王都陶醉于他们的快速胜利。他们陷于狂热之中，自然而然地要求继续进军，用暴力攻占维也纳。头脑清醒的俾斯麦却有政治远见，他的目光已经转向法国，他想完成德意志民族的伟大计划。他清楚地意识到，他很快就会需要奥地利的友谊和联盟，无端地羞辱奥地利统治者既不能使他得到奥地利的友谊，也无法获得与奥地利的联盟。攻入奥地利将使奥地利统治者永远处于屈辱中。因此，他明确无误地向他的君主宣布，停止普鲁士的胜利进程，在不使被征服的国家蒙羞的基础上与奥地利签署和约，这将符合普鲁士的最大利益。

　　与此同时，普鲁士另一支军队也取得了极大胜利，［206］迅速开进奥地利的盟邦汉诺威和南德意志邦国，而这些邦国支持奥地利并试图与普鲁士作战。另一方面，无论是在海上还是陆上，奥地利都成功战胜意大利，意大利实际上处于奥地利的控制之下。最后，正如俾斯麦自己后来所说，他害怕法国皇帝拿破仑三世可能会为了终结普鲁士的快速胜利而攻击莱茵各省，使普鲁士在萨多瓦和其他战争中取得的成功变为徒劳。

　　俾斯麦发现，任何常规手段都不足以说服将军们和普鲁士国王接受他对形势的看法，他就威胁说，宁死也不同意攻入维也纳和羞辱奥地利统治者。像往常一样，他最终取得了胜利。普奥双方于1866年签署了《布拉格和约》(Peace of Prague)。根据该和约，奥地利并没有丧失任何领土，只支付一笔象征性的战争赔款，但奥地利须退出德意志邦联，不再是德意志邦联的成员。因此，作为普奥战争的结果，在同时吞并了汉诺威王国和其他领土特别是美因河畔的法兰克福后，普鲁士已然成为德意志邦国的主导力量。

现在俾斯麦建立了以普鲁士为首的北德意志邦联，这部分实现了德意志民族的伟大希望。正如我们所看到的，意大利现在甚至夺回了一直被奥地利占领的威尼斯。因此，1866年的普奥战役确立了普鲁士在德意志的优势地位，完成了意大利的统一，同时使奥地利直到今日仍沦为一个次要国家。

第十二讲　普法战争

[207] 1866年取得胜利后，普鲁士确立了在德意志的优势地位。许多欧洲政治家和外交官都清楚知晓这些事件的重要性。梯也尔、奎内特（Edgar Quinet）以及法国其他主要政治家和公众人物都明确指出，俾斯麦不可能满足于在奥地利战争中获得的荣誉，一定会努力实现德意志的统一，1867年德意志的统一还远远没有完成。1866年，俾斯麦把德意志北部各邦国统一为北德意志邦联，但是南部的巴伐利亚、符腾堡和巴登还没有与普鲁士合并。俾斯麦在1866年是否已经实现德意志北部各邦国和南部各邦国的统一，这是一个有待历史讨论的问题。

事实上，许多现代史学家以极其正义的姿态谴责俾斯麦，说他蓄意在1866年至1870年间阻碍整个德意志的统一。据说，1866年对巴伐利亚的军事胜利与其对奥地利的军事胜利一样堪称完美，俾斯麦本可以轻易地迫使巴伐利亚和德意志南部的其他邦国加入北德意志邦联。倘若如此，普法战争就可以 [208] 避免，他就可以和平实现德意志的统一，而不会出现1870年和1871年的大规模战争带来的人员和金钱的巨大损失。

不可否认，前面的观点有一些真理的成份。尽管巴伐利亚一直与德意志其他地区（尤其是与普鲁士）有很大的区别，但俾斯麦本来可以不用与法国进行可怕的战争就完全说服巴伐利亚加入北德意志邦联。另一方面，俾斯麦有着更深层次的而且总体上来说是更为公正的考虑。他认为，除非一场伟大而成功的战争结束地方割据的企图，结束德意志南部天主教会和教会君主王朝的离心倾向，否则德意志南部各邦国永远不可能成为统一德意志的成员。此外，众所周知，1867年以及1740年或1645年的南部各邦国一直在向法国示好。根据世俗的传统和习惯，它们对法国实施友好政策，不，确切地说是联盟政策。俾斯麦正确地认识到，如果没有一场成功的对法战争，就无法有效地克服这些古老的历史传统和倾向。但在对法战争中，巴伐利亚也将被迫承受苦难，被迫为完成伟大计划做出必要的牺牲。因此，从1866年到1870年，俾斯麦并没有明确的企图劝说巴伐利亚、符腾堡和巴登加入北德意志邦联。

在法国，国家的命运一部分掌握在拿破仑三世手中，一部分掌握在［209］顽固、歇斯底里、毫无目标的反对派手中。拿破仑三世从来都不是伟大的政治家，当时结石病给身体带来的病痛使他变得虚弱无力，实际上是非常无能。因此，他的计划很容易就被他的皇后欧仁妮的计划所取代。

这位皇后是欧洲最美丽的女人之一。在体能上，她拥有最惊人的活力和健康，但在思想上，这个女人却心胸狭隘、毫无谋略、行事鲁莽。她唯一的计划是为儿子小路易斯·拿破仑争夺政治遗产。她与天主教会和法国神职人员有密切联系，说服拿破仑三世接受教宗的建议和意见，而从政治角度来看，这些建议和意见对法国的伤害极大。正如法国其他许多女君主一样，她也拥有这样一种天赋，即用人不当，不能把正确的人放在正确的位置上。

因为即使在那时，有关即将到来的危险的信息也并不缺乏。法国驻柏林的武官斯托菲尔（Stoffel）上校从未停止向皇帝报告普鲁士军队的组织更优越之类的情况。斯托菲尔曾协助皇帝撰写《凯撒的生平》（ *The Life of Caesar* ）。事实上，相对于普鲁士军队的优越，法兰西军队则是无可救药地糟糕。对此，斯托菲尔有着无比清晰的认识。当普法战争这场灾难夺去拿破仑三世的王位时，人们在皇帝的官邸里发现了几份最精辟的报告，内容是斯托菲尔向皇帝汇报普鲁士军队的情况——但这些报告居然都未开封。在法国议会中，梯也尔也一再恳求议员们不要对德意志怀有敌意。尽管梯也尔的如此做法带有某种私心，即他不希望［210］通过鼓励对手的反普鲁士政策来增加对手在议会中的势力，但针对法国议会的反普鲁士政治，梯也尔所发表的热情而极具政治家风度的演讲却有许多诚实和真实的成分。

每个人都觉得拿破仑三世在1866年犯了一个错误，即在萨多瓦战役之后立即放弃对普鲁士的进攻，这给法国尤其是拿破仑王朝的声誉造成了难以挽回损失。法国议会中的反对派不断攻击拿破仑三世，最终迫使他做出广泛而巨大的让步。反对派断然拒绝帮助他重建军队。

现在，根据有关当时情况的最新回忆录可以看出，对1870年和1871年法国可怕的军事灾难，反对派毫无疑问负有比拿破仑三世更直接的责任。拿破仑三世、尼埃尔（Adolphe Niel）元帅和其他几位主要军事官员非常清楚军队补给的必要性以及军事补给不足给国家造成的可怕后果。但法国议会拒绝向军队提供任何补给，这加深了法国的劣势和不足，并使普鲁士变得更加胆大。正如我们所知道的，法国政府和军事当局的每一次公开或秘密行动，普鲁士都能得到详细的消息。

尽管没有进行任何军事改革，但拿破仑三世或者更确切地说是欧仁妮越来越确信，为了恢复皇帝统治的威望及儿子的希望，与普鲁士的战争是绝对必要的。因此，他们很容易就找到了借口，即著名的霍亨索伦（Hohenzollern）问题。[211] 霍亨索伦家族与普鲁士国王威廉一世有远亲关系的利奥波德亲王被提名为西班牙王位的候选人。从一开始，俾斯麦就表现出好像是在鼓励这位候选人。而法国政府认为，此举是为了"恢复查理五世的帝国"。这一说法的夸张之意清楚表明，拿破仑三世和欧仁妮只不过是想找个借口向普鲁士开战。把霍亨索伦亲王竞选西班牙王位看作是试图恢复一个统一的帝国，没有什么比这更荒谬的了。然而，法国政府却佯装深受这位候选人的刺激。最后，法国驻柏林大使贝内德蒂（Count Vincent Benedetti）被派去会见威廉一世。威廉一世也欣然同意，认为霍亨索伦亲王的候选资格应该也将会被取消。

在一般情况下，这一事件本应就此结束。但法国外交大臣格拉蒙特（Grammont）公爵决心与普鲁士决裂。他深信，南德意志邦国将与法国一起攻打普鲁士。正如战争大臣勒伯夫（Edmond Leboeuf）元帅荒谬的声明中所说的那样，他相信法国军队已经完全准备"系好军靴上的最后一个纽扣了"。同样地，格拉蒙特还相信奥地利将与法国并肩站在一起的有条件承诺，以及意大利方面类似的但含糊不清的承诺。格拉蒙特想通过贝内德蒂向威廉一世施压，以达到以下目的，即威廉一世不支持霍亨索伦的候选人，而且还应该正式承诺以后决不提供 [212] 任何候选人给西班牙王位。

威廉一世拒绝作出这样的承诺。他拒绝的方式既不会冒犯法国也不会损害自己的名誉。威廉一世和贝内德蒂之间的会谈在莱茵河畔的埃姆斯温泉疗养胜地举行。俾斯麦、毛奇和罗恩（Roon）一直在焦急地注视着格拉蒙特的一举一动。他们希望两国关系立即破裂，战争立即爆发。当收到威廉国王给贝内德蒂的答复时，他们沮丧不已。国王的回复措辞非常温和，避免对法国造成严重冒犯和侮辱。

在这一关键时刻，俾斯麦略去国王答复的某些字眼，巧妙地对其进行删改，使其看起来像是对法国最具攻击性的声明。通过这种马基雅维利式的策略，俾斯麦获得了他和两个同事一直在等待的东西，即法国方面突然对普鲁士宣战。这份经过篡改的答复一传到巴黎，议会和巴黎人民全部都义愤填膺。被激怒的法国举国上下一片"打到柏林去！打到柏林去！"的叫嚣声，政府被迫宣战。

大约二十年后，俾斯麦自己将这一做法讲给一位奥地利记者。他的这一行径经常被认为是他最残忍和最卑劣政策的范例。毫无疑问，将国王的回复故意修改成冒犯法国尊严的措辞，俾斯麦这样做纯粹是出于政治目的，也就是说，并非感情用事。另一方面，挑衅确实来自法国，战争是不可避免的。俾斯麦和毛奇都明白，当时而且正是在当时的法国军队，处于一种［213］落后和准备不足的状态，普鲁士很有希望取得迅速而彻底的胜利。

俾斯麦认为，忽略对这一形势的判断，绝对是爱国主义的失败。从严格的历史角度，也就是从实际的角度来看，人们都纷纷赞成这一外交行动，因为它为德意志争取了长达三十四年的全面和平与繁荣，同时使欧洲的平衡建立在更加安全和更加稳定的基础上。

正如我们所了解的，俾斯麦在战胜奥地利的辉煌时刻动用了全部的节制。现在，他又运用所有的精力和勇气促成与法国这一场可怕的冲突。在这两种情况下，俾斯麦都严格遵循最合理、最冷静的政策考虑。在这两种情况下，他都是正确的。

战争与和平是大多数人无法真正讨论的问题，因为只有掌握了非常完整或全面的战争知识，我们才能正确地看待这一重大问题。但这样的战争知识非常罕见。那些不断鼓吹和平、谴责诸如俾斯麦这样人的人并没有从战争中吸取重大的经验教训。在正确的时间以正确的手段发动战争有时能拯救很多国家，其避免的损失要比战争造成的损失大得多。人们只需将俾斯麦的政策与1870年奥地利的政策进行比较，就不仅会赞成俾斯麦所谓的马基雅维利式的策略，还会将他的整个政策视为一项明显是为了确保真正和平利益的政策。

1870年，奥地利本来应该无条件地支持法国，这不言而喻。奥地利本来应该明白，即使不能从［214］她自身18世纪的往事中，至少也应该从1866年拿破仑三世明显的错误中明白，她的职责是当德意志从西边入侵法国时，她就应该立即从东部攻打德意志。正如1866年当俾斯麦在东边攻打奥地利时，拿破仑三世本来应该从西边入侵普鲁士一样。但是奥地利并没有这样做，相反，毫无准备的奥地利放弃了参加这场大战。奥地利皇帝弗朗茨·约瑟夫忽视了他当时的主要职责：成为法国强大而忠诚的盟友；尽力减少普鲁士可能取得的胜利；恢复自己的地位，并将奥地利提升到其在18世纪所处的国际地位。

在18世纪，特蕾西亚怀着无比伟大的政治家精神，从来没有错过任何干涉欧洲重大国际事务的机会。正如我们现在所知，1870年弗朗茨·约瑟夫皇帝的和平政策是对奥匈帝国作为国际大国地位的致命一击。一直以来，奥地利都是靠国外的压力而不是靠内部的凝聚力生存的。但自1870年以来，奥地利既没有对欧洲其他国家施加压力，也没有受到欧洲其他国家的压力，因此它必然会陷入国内无政府状态，成为最难以控制、最漫无目的和最令人绝望的政党斗争的牺牲品。奥地利1870年的和平政策给她造成了巨大的经济、道德和政治上的损失。这种损失远比她1870年加入法国共同反对普鲁士可能带来的任何损失都要大。

普鲁士和法国之间的战争立刻显露出［215］德意志民族内部的团结。德意志南部的巴伐利亚、符腾堡和巴登等邦国立即加入普鲁士和北德意志邦国。在毛奇、威廉王储和弗里德里希·卡尔（Frederick Charles）亲王的领导下，德意志军队入侵法国。普鲁士几乎在每一场战役中都打败了法国人，甚至在德意志军队人数上并不占优势的情况下也是如此，诸如格拉沃洛特（Gravelotte）战役。这里不必赘述战争细节，战争的各种悲惨的景象至今仍留存在许多人的记忆中。

众所周知，法国人准备严重不足。同样众所周知的是，德意志的每位军官都有着最独立和最大胆的主动性，但法国的军官和将军们丧失了所有主动性和法国人最为著名的足智多谋，从巴赞（François Achille Bazaine）元帅到麦克马洪（Marie Edme Patrice Maurice de Mac-Mahon）元帅及以下。当初正是凭借着这些才干，拿破仑三世才能在1859年率领部队取得意大利战役的胜利，尽管当时法国军队的情况与1870年时一样，严重准备不足且供给不足。

法国将军中最没有能力的当数麦茨（Metz）军团的司令巴赞元帅。乍一看，这似乎很令人费解。除了1866年那场仅持续了几个星期的战争之外，德意志的将军们没见过或经历过任何大型的战争，而法国的将军们在1870年以前都身经百战。为什么德意志的将军们能够远远胜过法国的将军们呢？事实上，我们必须承认，在1870年，理论被证明远远优于实践。仅仅作为理论家的德意志军官就轻易地破坏了［216］法国将军们所有的计划、行动和日常工作。

对这一令人费解的问题，我们可以从一个事实中找到答案。法国将军们的作战经验确实非常丰富，但这种经验并不是在欧洲与欧洲军队的作战中获得的，而是在墨西哥、在阿尔及尔和中国的作战中获得的，也就是说，是在与文明和科学方面落后于欧洲的国家的作战中获得的。我们最近才明白，即使是与欧洲一个非常弱小的国家作战，其性质也完全不同于与黑种人、黄种人或混血人种的战争。德意志方面已经为这场战争做好了准备。两代人以来，他们一直在就这场战争的所有可能性进行最细致的研究。

在色当和麦茨的可怕灾难之后，巴黎遭到围攻。法国人被前所未有的灾难所激怒，曾一度接受甘必大（Léon Gambetta）的领导。甘必大精力充沛、富有洞察力，但他缺乏一个高效独裁者所应具备的冷酷无情。他组建了新的军队，在卢瓦尔（Loire）河和法国北部抵抗德意志军队，在许多方面他们的抵抗比法国老式的正规军更加高效。1870年10月后，德意志无法再像其在普法战争第一阶段那样大规模地俘虏法国军队.然而，我们不得不遗憾地说，德意志取得的胜利在法国造成的截然不同的局势，甘必大并不能与之完全匹配。法国需要的不是甘必大这样的人物，而是丹东这样的人物。甘必大虽然恰当地实施了抵抗到底的政策，但他本应该消除所有可能反对其正确计划的因素。

［217］我们现在从德意志军事作家那里了解到，1871年1月后，德军本来已无力再支撑两三个月的战争。冬天冷得可怕。俾斯麦在回忆录中提到，因为担心国际社会的干涉，他度过了数个不眠之夜。德意志的国库开始枯竭，如果法国能以西班牙当初抗击拿破仑的方式来抵抗德意志，本可以迫使德意志军队撤退，并有可能从他们手中夺回洛林，即使不能同时把阿尔萨斯夺回来。

但法兰西这个民族与往常一样，各个强势势力纷纷登场。他们满腔充斥的都是个人野心，在这个旧体制垮台的当口，他们希望有一个能够让自己掌权的机会。梯也尔就是这些势力中的首脑人物。他希望和平，想尽一切手段取得和平，因为他知道和平意味着他自己掌权。他长途跋涉，疲于奔命地前往欧洲各大宫廷，寻求帮助和干预，但都没能成功。

这是俾斯麦最伟大的外交壮举，他把法国完全孤立起来。无论是英国还是俄罗斯，更不用说奥地利，都没有认真考虑过要进行干预。尽管这种干预完全符合奥地利的切身利益，对英国来说也完全正确。可以肯定，通过干预在一定程度上延缓德意志的优势地位提前到来，对英国来说是有好处的。然而，俾斯麦的外交策略相当成功，以至于按照梯也尔提出的条款实现和平根本是不可能的。

和平是梯也尔走向权力的重要奠基石。单凭这一点，甘必大 [218] 就应该想方设法替换掉梯也尔，以便实施甘必大自己毫不退缩的抵抗计划。但甘必大缺乏丹东的力量和深邃冷酷的洞察力。在巴黎被占领之后，法国被迫于1871年在美因河畔法兰克福接受俾斯麦提出的和平条件。根据和约，法国丧失了阿尔萨斯及洛林的大部分地区，这些地区的居民以说德语为主。此外，法国还被迫支付2亿英镑（10亿美元）的战争赔款。这场战争给法国造成的实际损失是50亿美元。要不是这个国家拥有巨大的财富，法国的经济就会像它的政治那样被这场战争毁掉。

毫无疑问，德意志对法国造成的可怕的军事灾难给欧洲这个历史悠久的国家带来了不可估量的伤害。我们必须承认，如果战争在1871年2月以后继续下去，法国所遭受的损失将会更加严重。另一方面，德意志人在凡尔赛宫完成了德意志帝国的建立。

凡尔赛宫是路易十四的王宫，路易十四在17世纪曾深深地羞辱过普鲁士选帝侯和德意志民众。普鲁士国王威廉一世很不情愿地接受了新的封号。他到底应该用什么头衔，这个问题费了不少周折，最终确定用"德意志帝国皇帝"这一名号。

自此，俾斯麦的伟大政治理念已经完全实现，即通过与法国的一场成功的战争而不是通过与［219］德意志各邦国的谈判和签订条约来实现德意志的统一。此前，德意志一直是由许多大小不一的邦国组成的一个松散、低效的邦联，现在，德意志开启了政治和商业繁荣的伟大事业，并试图成为一个世界强国。

拿破仑三世的命运世人皆知。与叔叔拿破仑大帝一样，拿破仑三世最后前往英国并在流亡期间死去。拿破仑大帝因想要成就太多而失败，拿破仑三世则因想要成就太少而失败。拿破仑大帝遵从自己伟大思想的支配，而拿破仑三世却听从一个野心勃勃、智力低下的女人的命令。法国本身处于绝望的境地。法国很快还清了赔款，但她的光荣梦想、自负、不合常规的野心和杂乱无章的国内政策所引发的可怕反应，这些都是任何现代国家从未遭受过的最可怕的打击。在同时代人的心目中，法国已失去一切威望，从欧洲的领导国家沦为二流和三流国家。

然而，如果有人认为法国被打败并将永远沉沦下去，那就错了。迄今为止，军事上的失败还没有真正摧毁过一个伟大的国家。一个在战争中失利的国家可能会损失惨重，但一定会恢复元气东山再起。只有那种不战斗的国家，才会失去所有可能复苏的力量，诸如奥地利。与自然界一样，人类是通过不断斗争才获得发展的能力，对和平充满柔情和柔弱的渴望正是一个国家彻底灭亡的先兆。

后　记

[220] 综合前面所了解的情况，在［现代］欧洲历史以及依赖［现代］欧洲或欧洲人的国家的历史中，一些尤为深刻的变化显然改变了全球政治的面貌。在18世纪，欧洲一片混乱，由若干所谓的飞地组成。也就是说，欧洲大陆上没有一个君主政体或共和国由连续的领土组成。每个国家的领土都被另一个国家的属地分割并中断。例如，普鲁士的领土分散在易北河东西不同的纬度上，遍布德意志北部。奥地利的领土根本不是一个连贯的整体。

1740年到1815年的大战极大地简化了欧洲地图，目前，欧洲46个主权国家各自拥有一个连续的、可以说是自给自足的领土。这一情况在国际政策中具有极其重要的意义。只要各个国家以最原始的方式来完成领土的圈定，或根本没有对领土加以圈定，那么国际战争就必不可少。例如，奥地利无论在比利时的埃斯科河（Escaut）、波河（Po）还是莱茵河中游，都有着同样巨大而重要的利益。法国、荷兰、英国、意大利或德意志各邦国在[221]这些领土上的任何行动，都会引起维也纳方面的极大焦虑和外交上的报复行动。

但目前这种情况已经不复存在。除非有某种特别强大动机的刺激，否则欧洲的几个国家没有正当理由发动国际战争。从历史上看，自1815年以来，欧洲就没有发生过国际战争。正是由于对历史的完全忽视，我们才不断地听到关于欧洲发生国际战争的预言。必须承认，存在着爆发这种国际战争的可能性，那就是在奥匈帝国现任皇帝去世后，奥匈帝国可能会瓦解。这正是那些消息灵通的记者很容易就能预测的。但奥地利跟法国一样，在过去的160年中不断被宣布濒临灭亡。与1740年相比，奥匈帝国现在的瓦解程度并不算严重。将奥地利拒之门外的势力有所削弱。另一方面，阻止奥地利向外扩张的势力非常强大，人们也日益意识到在保持欧洲政治平衡方面需要奥地利。因此，奥地利在最糟糕的情形下也将生存下来。基于同样的原因，萨克森或巴伐利亚得以经受住国内腐败或国外进攻的种种风暴。

因此，我们可以理所当然地认为，由于18世纪至1815年的大规模战争，欧洲爆发国际战争虽不能说完全不可能，但至少爆发的可能性很小。

18世纪那些饱受诟病和指责的战争除了这一个最显著和最重要的结果外，还有另一个结果。如果从某个合适的立场来看，这个结果同样［222］非常重要。在18世纪，人们有意无意地为这个结果而战，而在19世纪，它已经成为历史因素之一。它就是我们所说的民族主义思想。19世纪是欧洲民族分化程度更高的时代。欧洲数目众多的大小国家不仅没有放弃各自的语言、习俗、思想态度、政治抱负等，反而在19世纪的进程中越来越多地强调它们之间的种种差异。因此，在欧洲东南部的匈牙利、塞尔维亚、保加利亚、罗马尼亚、马其顿、希腊，在欧洲北部的丹麦、挪威、瑞典，以及在欧洲的其他地方，我们都不得不面对成熟的政治个体。每个政治个体都有一个最坚定的信念，那就是为自己的民族而战。

我们可以看出，欧洲正在进行的进程与美国正在进行的进程恰好相反。尽管19世纪欧洲人史无前例地移民到美国，但美国人民在社会、经济、政治和精神上表现出最惊人的同质性。在整个美国，关于思想、行为、风俗、观点的描述只有一种语言。在欧洲，尽管在很大程度上纠正了过去领土统一性缺乏的问题，但民族统一性缺乏的问题却日益严重。确实，我们现在可以说欧洲是一个更大的希腊。在古希腊时代，小希腊或西西里岛拥有数百个自治的、完全不同的、敌对的、互不相容的城邦。欧洲［223］则建立在利益、观点、语言、法律和习俗广泛多样性的基础之上。

欧洲民族与民族之间的巨大差异，在欧洲产生了许多有趣而重要的文学作品。它激发出新的思维方式、新的艺术和发明、新的音乐形式、新的娱乐方式，简而言之，各种新的学术和情感生活。鉴于这些有益的结果，如果欧洲不鼓励差异性而只注重相似性，肯定是不可取的。从历史上讲，一个欧洲合众国的崛起也是不可能的。无论是16世纪的查理五世，17世纪的路易十四，还是19世纪的拿破仑，他们为此目的所采取的军事努力无一例外全都失败。另一方面，这样一个欧洲合众国自下而上的崛起，从各民族的相互同化中崛起，显然也不可能。

事实证明，欧洲问题非常棘手，其困难程度远远超过18世纪和19世纪的哲学家或伟大的实干家的预见。正如拿破仑所预言的那样，今天的欧洲既不是俄罗斯的也不是共和的，既不是完全的新教徒，也不是完全的天主教徒。在欧洲，无论是日耳曼民族还是拉丁民族，更不用说斯拉夫民族，都不能在政治上占据主导地位。在十九世纪五六十年代，人们曾信心十足地预测，欧洲将被斯拉夫民族吸收和同化，但这种预测丝毫没有应验。许多美国人和欧洲人同样信心满满地预测，美国将完成对欧洲的经济同化。但事实证明，［224］就像有些人预测新教将完成对欧洲的宗教同化、法国将完成对欧洲的政治同化一样，这些都是错误的。今天，拉丁"种族"（以及大多数法兰西人和意大利人）已做好准备应对人类面临的一些最严重的问题。在日耳曼民族中，德意志人无疑非常强大。另一方面，奥地利的德意志人就像拉丁种族中的西班牙人一样在衰落。

研究历史的人是时候放弃站不住脚的"种族"观念了。无论如何，在欧洲，历史不是由"种族"创造的，而是由各民族的精神活力和道德勇气创造的，此外还受到地缘政治的不断影响。俄罗斯陷入瘫痪境地更多是因为他们的教会即希腊东正教，而不是他们的"种族"特性。意大利人与俄罗斯人属于不同的"种族"，但教宗和天主教会的不利影响对意大利人所造成的障碍，远远超过意大利"种族"缺陷所带来的不利影响。和希腊一样，欧洲受智力和性格的影响，远比受民族构成或民族生理特征的影响大得多。

毫无疑问，在我们研究的这段时期内所奠定的公共和私人生活的基础上，欧洲将继续孕育另一种真正的文明。这种文明即使本质上并不比希腊人和罗马人留下的不朽文明高明，但至少能让更多的人分享其好处。

索　引

图书在版编目(CIP)数据

现代欧洲的基础／(英)埃米尔·赖希(Emil Reich)著；汪瑛译. -- 北京：华夏出版社有限公司, 2022.6

(西方传统:经典与解释)

ISBN 978 - 7 -5222 -0180 - 1

Ⅰ.①现… Ⅱ.①埃… ②汪… Ⅲ.①战争史 - 欧洲 Ⅳ.①E509

中国版本图书馆 CIP 数据核字(2021)第 192331 号

现代欧洲的基础

作　　者	[英]埃米尔·赖希	
译　　者	汪　瑛	
责任编辑	李安琴	
责任印制	刘　洋	
出版发行	华夏出版社有限公司	
经　　销	新华书店	
印　　装	三河市少明印务有限公司	
版　　次	2022 年 6 月北京第 1 版	
	2022 年 6 月北京第 1 次印刷	
开　　本	880 ×1230　1/32	
印　　张	7.625	
字　　数	172 千字	
定　　价	58.00 元	

华夏出版社有限公司 地址:北京市东直门外香河园北里 4 号　　邮编:100028

网址:www. hxph. com. cn　　　电话:(010)64663331(转)

若发现本版图书有印装质量问题,请与我社营销中心联系调换。